だれのための仕事

労働vs余暇を超えて

鷲田清一

講談社学術文庫

目次

だれのための仕事

労働vs余暇を超えて

はじめに

じぶんの人生がはたして生きるかいのあるものなのかどうか。いいかえると、じぶんの人生は生きるに値するだけの意味をもっているのかどうか。そういう問いをじぶんにたいして立てざるをえないというのは、さびしいことである。せつないことである。

じぶんで意味を与えないことには意味が見いだせないというのは、ひとつには、じぶんの存在が他人にとってじゅうぶんに意味のあるものになっていないということを意味する。またそのように問わないでいられないというのは、いまのじぶんの生活のどこかに、そのような問いを発生させてしまうような空白があるということを意味する。なにかよくわからないままに、とにかく、ある欠落、ある喪失の感情が、たぶんそのひとのなかで滲むようにひろがりつつあるのだろう。

生きがい。ひとは生きていくのになぜそうした支えを必要とするのか。なぜ生きることの意味というものにこだわらずにいられないのか。これじたいは、哲学的といっていいような、とてもむずかしい問いである。はたしてわたしたち人間に答えることができるものなのかどうかもあやしい、むずかしい問いである。だから、最後にはそうした問いに向きあわされるのだとしても、いきなりそういう問いからはじめるのはひかえておこう。それよりも、この生きがいというものを、いま少し具体的に問うてみよう。

仕事が生きがいだ、というひとは少なくないだろう。遊びが生きがいだ、と言い切るひとよりは、おそらくはるかに多いだろう。なぜか。仕事には、何かを生みだす、何かを作りだすという加算のポジティヴな意味があるのにたいして、遊びのほうにはふつう、何かを使う、あるいは消費するという減算のネガティヴな意味しか認められないからだろう。ところが他方で、数としては劣るとはいえ、遊びが生きがいだと考えるひともいるはずだ。かれらにとっては、仕事とはいやいやさせられるもの、つらいものであって、そのために生きるものではなく、逆である。生活するためにしかたなく働くのである。かれらにとっては、仕事とは別なところ、つまり遊びやくつろぎのなかにこそ生きることのよろこびを感じられる場所がある。

しかし、こうした考えかたはどちらも、仕事＝労苦、遊び＝安楽といったきわめてステレオタイプなとらえかた、ないしは一般的なイメージによりかかっている。しかし、このような考えかたを純粋に適用できるような場面というのは、わたしたちの生活にはほとんど例外的にしか存在しない。働くか、さもなくば遊ぶか、といったオール・オア・ナスィングの選択は、むしろ抽象的である。現に仕事を生きがいとするひとがいる以上、仕事にはよろこびがあるはずであり、またゲームのように遊びにもルールがある以上、そこには訓練がつきものである。スポーツを職業にしている人たちにとっては、それは深い快楽を生みだすものであっても、少なくとも安楽な遊びではない。あるいはまた、遊興や賭け事で身を滅ぼすこともあるし、そしてその場合にはじぶんの人生そのものを賭けているわけで、そのかぎりで、遊びはときに仕事よりものっぴきならない意味をもつこともある。そしてそういう遊びへと人びとを誘い、満ちたりた気分になるところまでセットしてあげるというサービス業務もある。仕事と遊びとはたがいにそれほど入りくんでいるものだ。

わたしたちの時代になって、事情はあきらかにもっと複雑になってきている。仕事が労苦として受けとめられているとき、人びとは仕事と仕事ではないものとを「労働」と「余暇」に分けて考えていた。「労働」と「余暇」は、目的の有無、価値の生産と消費、効率と非効率、規律と自由、まじめとあそび、つらさとたのしさというふうに、さまざまに対比されてきた。そしてリクリエーションということばに象徴されるように、後者は、いずれ前者により多くのエネルギーを注ぎ込むことができるように、休息し、リフレッシュし、エネルギーを蓄えるための時間とみなされてきた。つまりそういう思考の枠組みは、あくまで前者の労働を中心に設定されたものだ。労働を神聖視し、労働を核に生活が編成されているような社会、それは《労働社会》と呼ぶことができようが、そういう労働のありかたは、すくなくとも現代社会のマジョリティである中間層、つまりじぶんを「中流」とみなしている人たちの実感からは遠い。実際の労働現場、あるいは余暇のひとときをみてみれば、ほとんど何も生みださないどころか消耗することをめざしているとしかおもえない労働もあれば、充実した時間の空白もある。もちろん、逆に空虚な時間を埋めるために働くこともある。たのしい仕事もあれば、つらい遊びもある。人びとは労働の枠をもっとらくに考えるようになっている。

このように、現代の都市生活のなかには、「仕事」と「遊び」、「労働」と「余暇」の概念的な対比が桎梏と感じられるだけでなく、ときにはほとんど無意味とさえ感じられるシーンが、しだいに増えつつある。そして、皮肉なことに、現在では、会社での労働よりも無償のヴォランティアのほうが、かつての仕事、他者のために身体を動かすこととしての「働く」ことの原型イメージにより近くなっている。その背後にはどうも、現代社会における労働の形態と意味のドラスティックな変化という歴史的事情があるようだ。もし、現在の、あるいはこれからのわたしたちの活動にとって、こうした仕事／遊び、労働／余暇という二分法が非現実的なものになっているとしたら、働くことと遊ぶこと、何かをすることとしないこととの対比は今後、どのようなものとしてイメージしていったらいいのだろうか。それを考えるためには、そもそもそういう窮屈な労働観、遊び観は、いったいどこからきたのかも問わねばならないだろう。そして最後に、わたしたちが生きることを支えているものはなにか、それは「働く」ことと「遊ぶ」こととどのようなかかわりがあるのかを、あきらかにしなければならないだろう。以下では、わたしたちの日々の活動とその価値を方向づけているヴェクトルがどのようなものであり、また今後それはどのように変化していく可能性があるかを考えてみたいとおもう。

第一章　前のめりの生活

1　〈線〉としての人生

かがやきのない〈現在〉

もしも働くことが労苦であるのなら、学校を卒業して就職するのはとてもつらいことであるはずだ。ところが人びとは、就職できないとかなしい顔をする。もし働くことが労苦であるのなら、定年退職というのはそうした苦しみからの解放をこそ意味するはずであるのに、定年をむかえた人たちの表情は力なく、さびしい。

働くことがlaborつまり労苦であり骨折りなのだとしたら、定年退職後がゴージャスな自由時間にならないのはどうしてか。〈時間貴族〉になれるはずの定年になぜ悲哀がともなうのか。

「ザンギョー」という国際語もあるくらい、日本人のワーカホリック（仕事中毒）は名高い。そのようななかで、ふと、なぜ働くのかという問いがもしじぶんのなかからいやおうもなく頸をもたげてきたら、わたしたちは、生活するため、じぶんや家族の豊かで安らいだ将来の生活のためといった理由を挙げるにちがいない。少なくとも、わたしたちの社会が高度成長期をむかえるまではそうであった。満ちたりた老後をむかえるために、ひとはきばる。あのときがんばっておいたから、いまこのように安楽にしていられるのだ……というわけだ。ここで幸福な老年とは、過去の「業績」の上にのっかっている。それは過去の記憶と過去から蓄えてきた財によりかかって生きるということなのである。皮肉な見かたをすれば、これは別の生きかたというものをあらかじめ封じ込める生きかたである。それは、すでに確定した過去の延長線上で生きるということであり、したがってその満ちたりた老いの生活は、ますます枠を限られた狭い世界に入っていくともいえる。成年のあいだは未来のために働き、老後は過去によっかかって生きる。どちらにも、〈現在〉の充溢というものはない。働いていても、働かなくなっても、どちらの場合も、生が輝いていないと、当事者はこころのどこかで感じている。

では、これから就職する人たちの場合はどうか。就職するということは、しばしば「社会に出る」というふうに表現される。卒業式で恩師からしばしば贈られることばである。仕事と遊びに関してとても見とおしのよい視界（overview）を提示してくれる藤村正之の論考のなかに、子どもが学校を卒業して「社会に出る」ということの意味との関連でとても興味深い指摘がある。

子どもたちこそ、本来「遊び」が「仕事」であるかもしれないのに、現代日本社会では幼年期の「お受験」から大学入学までの受験競争が、むしろ彼らの「仕事」として与えられている。年間三〇〇〇時間も越えなんとする勉強時間は日本の普通の労働者の労働時間の比ではない。そのような「仕事」としての受験に、深刻さとともに偏差値に代表される「遊び」的ゲーム感覚が複雑に同居するのは、子どもたちにとって、ある意味で当然なのかもしれない。そのような「仕事」から解放された青年たちが大学で「遊び」に走ることもうなずけよう。なぜなら、大学時代とは「仕事」たる受験を「定年退職」した彼らが、就職という〈死〉を迎えるまでの〈余生〉の時間なのだから。(1)

就職とは〈死〉であるという意識が根底にある。そうだとすれば、勉強という「仕事」からやっと解放された大学生たちが、残された束の間の期間をとにかく楽しんでおこうとするのも無理はない。じぶんは父親以上、母親以上にしんどいことやってきたんだから、というわけだろう。もちろん、子どものこうした論理は中途半端なものではある。もし就職が〈死〉であれば、それ以上にしんどい学校生活への入学そのものがすでに〈死〉だということになる。すると生まれてから入学するまでの数年がもう〈余生〉だということになる。とすれば、ひとは生まれるまえにしか生きえないということになる道理だからだ。

〈線〉のメタファー／輪切りの譬え

これをもって「社会から下りる」定年退職者の意識も、もうすぐ「社会に出る」就職予備軍の意識も、ともに〈社会〉に出入りするというイメージでじぶんのいまの境位をとらえているわけだが、年齢とともに人びとが出入りするような〈社会〉とはなにか、そのようなものがほんとうに存在するのだろうか。いまこの問題にただちに答えることはできないが、さしあたってここで注意しておきたいのは、〈社会〉に入る前と出た後との、対照的なふたつの意識が、ともに同じ時間意識に囚われているという事実である。それも幾重にもそうなっているということである。

ひとつには、どちらの意識においても、人生というものがまっすぐな「線」のようにイメージされているということがある。労働にたずさわる前の未成年の段階から、労働する者としての成年、そして労働というかたちでの公的生活からリタイアしたあとの老年。まだ成年でない段階と、もう成年でない段階とにはさまれたものとして、労働する世代があるというわけだ。それぞれの段階にも「線」のメタファー、もっといえば「階段」のメタファーが適用される。たとえば、子どもはある年齢に達すると、いっせいに学業をはじめさせられる。子どもたちは、一年ずつ学年に輪切りにされ、前の学年を追い越すことも後ろの学年にずれ込むことも許されない。こうして、わたしたちのまわりに、友人といえばまずは同級生を意味するような人間関係がつくりあげられるのである。それは会社に入ってからも基本的には同じことである。こうして、年齢のちがう友人をもつことがとてもむずかしいような社会関係が身のまわりに張りめぐらされ、たとえば若者と老人（もちろん同性でも異性でもありうる）とが友だちであるような、そういう関係がとても思い描きにくいものになるのである。

それだけではない。それぞれの世代には、さらにそれぞれのイメージや価値意識が投影され、たとえば無垢な子ども時代、静かな侘びの老境といったイメージがそれぞれに押しつけられる。

そしてその区切りのところで、たとえば「社会に出る」といった表現がなされるのである。「諸君もこれからは社会に出るのだから……」。この文句、たしかに卒業式でよく聞かされてきた。ということはしかし、それまでは社会のなかにいなかったということなのか。たとえば高校生にとって、家族との共同生活やアルバイト先での人間関係、チケットの予約、格安ショップでの買い物、区立図書館での検索、地域でのヴォランティア活動、パソコン通信、それに繁華街でのナンパ……は「社会」で起こっているのではないのか。朝から夕方までほとんど垂れ流しに近いテレビのワイドショー番組は主婦だけの「社会生活」なのか。すると逆に、夜のゴールデン・タイムを占拠している十代、二十代向けのヴァラエティ番組が若者の「社会生活」ということになるのか。下着を売る女子高校生は卒業式まで社会のなかにいなかったのか。大阪でホームレスの老人を道頓堀に投げ込んだ無職の青年はまだ社会に出ていないのか……。そう考えると、卒業式でのセンセーのことばはあきらかに抽象的で、建前だけのものである。

通勤者とほぼ同じ時刻に、混み合った電車に乗って通学し、帰りにはゲームセンターやファーストフード・ショップに立ち寄り、しかも「あなたはまだ社会に出ていないんですよ」と言われれば、ほんとうのところどんなにか楽だろう。そんな透明人間になれるものならなってみたいと、だれもがおもうことだろう。むしろ学校という囲いも家族という囲いもなく、おとなも子どもも同じように、クッションなしにじかに膚を剝きだしにしているのが、いまの「社会生活」なのではないか。子どもがセンセーの肩の陰にもおやじの背中の陰にも隠れようがなくなっているのが、いまの「社会」なのではないのか。

同じように、ゲイトボールのチームのなかにも「いじめ」はある。ゲイトボールでのトラブルが原因で起こった殺人事件もあった。ゲイトボールはけっして老人の「なぐさみごと」ではないし、植木の世話は老人の専売特許なのでもない。

人生といえばすぐ、まっすぐな線のように思い浮かべるくせは根深い。人生のある時期までは無垢で、ある時期からは汚濁にまみれだす、そしてやがて枯れる、というのはフィクションである。ある時期までは人生は幸福で、ある時期から不幸になるというのもうそである。だいいち、毎日がぜんぶ幸福、ぜんぶ不幸などというのは、きっとたいくつでやりきれないだろう。そういう作り話や欺瞞に嫌気がさしたポール・ニザンは、二十代に書いたはじめての著作『アデン、アラビア』の冒頭に、こう記したのであった。「ぼくは二十歳だった。それがひとの一生でいちばん美しい年齢だなどとだれにも言わせまい」と。

2　前のめりの時間意識

前傾の時間感覚

「社会に出る」とか「社会から出る」という意識が共通に前提にしているふたつめの点は、どちらにおいても、現在というものが別の時間のためにあるという価値感である。なぜ働くのか、という問いが頸をもたげてきたとき、多くの人びとが「満ちたりた将来のため」という理由をもちだすであろうことは、先にみた。これは未来の幸福のために現在を貧しくする論理である。あるいは、決済をつねに先送りにする論理だといってもよい。

この先送りの論理と、前節でみた〈線〉のメタファー、これら二つの時間理解がともに前提としているのは、つねに前方を見ている〈前のめり〉の意識、つまりはプロスペクティヴ（前望的）な時間意識である。ちなみに、レトロスペクティヴ（後望的、つまり回顧的）な意識は、到達すべき未来を現在に置き換えて、ヴェクトルをひっくりかえして過ぎ去った時間を見る。時間を一方向にリニアに経過するものとみる点では、プロスペクティヴなそれと同型的である。

プロスペクティヴ（prospective）ということばは、prospicere（前方を見る）というラテン語の動詞から派生したものである。このprospicereは、proという「前方」を表わす接頭辞と、specereという「視る」を意味する動詞との合成語である。proということばで表示されるこの〈前のめり〉の時間意識は、近代の社会経営をめぐるさまざまの場面に浸透しているものであって、たとえば近代の歴史観にとって本質的な意義をもっている「進歩」（progress）という観念や、産業資本主義における「起業」（project）という観念、さらには企業計画や計画経済における「プログラム」（programme）という観念などというふうに、この接頭辞はひじょうに多角的にもちいられる。とともにそれは、近代社会を生きる人びとの生活意識をひじょうに深い部分にまで規定してきたエートスでもある。

proということばで表わされるこの〈前のめり〉のかまえを、わたしたちの時間意識のなかからもう少し細かく取りだしてみよう。

進歩〈プログレス〉という理念

まず第一にそれは、〈進歩〉という理念のなかに象徴的に現われている啓蒙主義的な発想と不可分である。それは、知識の増大、真理への接近、合理性の開花、道徳性の向上、生産力の拡大、貧困からの解放というふうに、さまざまの文明的価値が人間の歴史のなかで累進的に増大していくという時代感情、つまりは、より良い未来に向けていま前進しつつあるという歴史感覚と、深くかかわるものだ。ちなみに、〈進歩〉を意味する英語のプログレス（progress）は「前に（pro）＋進む（gradior）」というラテン語の動詞から派生したことばである。この〈進歩〉は、一九七〇年の大阪万博のメイン・テーマ「人類の進歩と調和」まで、近代という時代の一貫したスローガンでありつづけてきたのであって――〈進歩〉は〈文明開化〉や〈近代化〉という観念の下敷きにもなっている――、近代批判の矛先はいつもまずこの観念に、あるいはこの観念にもとづいた歴史観（いわゆる進歩史観）や科学論に、向けられてきた。(2)

〈プロジェクト〉という観念

第二にそれは、〈プロジェクト〉という観念と結びついている。project は、ラテン語の proicere、つまり「前に＋投げる（jacere）」という動詞からきていることばである。ところで資本主義的な企業は、このプロジェクト（起業）とともにもうひとつの pro- にかかわる。〈プロミス〉である。「約束」（promise）というのは、ラテン語のpro-mittere、つまり、「前に＋送る（mittere）」という動詞からきていることばである。約束手形というのは、まさに決済が将来に先送りされる手形のことだ。これは一方で、たえず次の課題へと欲望を駆りたてる企業のメカニズムであり、未来の決済を前提に現在の取引がおこなわれる資本主義社会の論理であるとともに、他方で、個人の同一性とその正当性の根拠は個人の出自ではなく、彼が将来に何をなし、何を達成するかにかかっているとかんがえる近代の市民社会の論理であり、市民的自由の論理でもある。そのように企業においても個人においても未来における決済（プロジェクトの実現や利益の回収）を前提にいまの行動を決めるという意味では、ひとに〈前のめり〉の未来志向の姿勢をとらせる。つまりプログラムをたえず未来に向けて投企させるわけである。

追いつけ、追い越せという意識

そこで第三に、そういう〈プロジェクト〉の物語を反転すると、他人に、あるいは社会に、遅れてはならないという、わたしたちを恒常的におそう強迫的な意識になる。他人よりも劣ること、遅れることを、致命的な傷と感じ、自己のアイデンティティの消失と感じるからである。そしてより速くと、ますます焦る。少し遅れただけでも、ひどく不安になる。これは、人間の活動というものは価値を生みだすべきものであるから、より多くのものをより速く、より効率的に産出していかねばならないという、資本主義のエートスの基底にある思考法であり、ベンジャミン・フランクリンが強調していたように、たんに価値を生みだすだけでなく、より生産的な未来に備えるという、目的性のある生産をしなければならないという思考である。そのフランクリンが述べ、近代社会の標語のようになったことばに「時間は貨幣である」があるが、ここに、未来に価値を生みだすものをこそ作らねばならない、生産性が累進的に増大していかなければならないという、そういうドライヴを育む資本主義のエートスが象徴的に含み込まれていることを指摘したのが、『プロテスタンティズムの倫理と資本主義の精神』におけるマックス・ヴェーバーだった。そのエートスとは、何もしないで時間を空虚にしておくこと、無為に時間を消費してしまうことを損失として考える、そういう感覚のことである。が、この問題にかんしては、スケジュールの空白を不安におもう心性との関連で、次節でさらに突っ込んで考えることにしよう。

〈青い鳥〉幻想

さて第四に、決済を未来に先送りする思考法の変奏として、いわゆる「青い鳥」幻想を挙げることができる。ここにあるのは、じぶんは未だ本来のじぶんに完全になりきっていないという感覚であり、現在ならば「〈わたし〉探しゲーム」とでもいうのだろうか、要するに「こうすればじぶんはもっとじぶんらしくなれるんじゃないか」という、じぶんをつねに本来の「自己」にいたる途上にあるものとして意識する心的メカニズムであり、そういうかたちでじつは欲望をどんどん再生産していく装置である。じぶんの存在がひどくたよりなく感じられるとき、ひとはそういう不安をかき消そうとして、もっとじぶんがじぶんらしくいられる場所がないかと夢みはじめる。別のところへ行けばもっとちがったじぶんになれる、ここでは不可能な幸福に出会えるという幻想を追いはじめるのである。一九世紀から二〇世紀のはじめにかけて、たとえばボードレールの散文詩「この世の外ならどこへでも」（『パリの憂鬱』）が、カール・ブッセの詩[3]やメーテルリンクの戯曲『青い鳥』が、こうした幻想を象徴的に描きだした。そして現代では、この幻想が「じぶんらしさ」か「ほんとうのじぶん」、あるいは「個性的なライフスタイル」などといった標語となって、華やかなコマーシャリズムの世界からわたしたちの不安なこころに語りかけている。ここではひとつ、シャルル・ボードレールの詩[4]を引いておこう。

この人生は一の病院であり、そこでは各々の病人が、ただ絶えず寝台を代えたいと願っている。ある者はせめて煖炉の前へ行きたいと思い、ある者は窓の傍へ行けば病気が治ると信じている。

私には、今私が居ない場所に於て、私が常に幸福であるように思われる。従って移住の問題は、絶えず私が私の魂と討議している、問題の一つである。

「私の魂よ、答えてくれ、憐れな冷たい私の魂よ、リスボンヌへ行って住めばどうであろう？　あそこはきっと暖かだから、お前も蜥蜴《とかげ》のように元気を恢復するだろう。……（中略）」

私の魂は答えない。

「お前は、運動するものを眺めながら休息するのが、それほど好きな性分だから、和蘭へ行ってあの至福の土地に住みたくはないか？　……（中略）」

私の魂は黙っている。

「バタビアの方が更にお前の気に入るだろうか？　あそこでは、熱帯地方の美と融合した、欧羅巴の精神が見られるだろうが。」

一言も答えない。――私の魂は死んだのだろうか？

「それではお前は、もはや苦悩の中でしか、楽しみを覚えないまでに鈍麻してしまったのか？　もしもそうなら、いっそそれでは、死の相似の国に向って逃げ出そう……。憐れな魂よ！　私が総てを準備しよう。トルネオへ旅立つべく、我らは行李を纏めよう。そしてなお遠くへ、バルチックの尖端へ赴こう、更になお遠くへ、出来るなら、人生から遠ざかって、我らは極地へ赴こう。……（中略）

終いに私の魂が声を放ち、いみじくも私にむかってこう叫んだ、「どこでもいい、どこでもいい……、ただ、この世界の外でさえあるならば！」

新しいものはみなよい

そして第五にこれは、「新しいものはみなよい」(omnia nova placet) というネオマニーの感覚につながる。欲望の対象をたえず交替させることで欲望そのものをたえず再生産していく、そういう意味装置に対応するような感覚であって、これはあらゆるものを商品化し、それに「新しい」という様態（モード）を付与していくファッションのいわゆる「現在主義」とも深く連係している。ファッションにおいては、最終的には前のシーズンと異なるというただそのことだけが重要であって（「ことしの流行りはこれです！」）、そこからロラン・バルトは、モードとは「無秩序に変えられるためにある秩序」だとか「意味を決して定着させることなしにしかも維持してゆく機械」と規定したのだし、さらには、「モードはこうして、《みずからせっかく豪奢につくり上げた意味を裏切ることを唯一の目的とする意味体系》というぜいたくな逆説をたくらむのだ」という、なんともアイロニカルなことばを残したのであった(5)。ちなみにリトアニアの町、ケーニヒスベルクから生涯一度も外へ出ようとしなかった一八世紀の哲学者、イマニュエル・カントも、流行のエッセンスが「新奇さの魅力」にあることを見抜いていた(6)。

分水嶺としての現在の意識

さて、こういう〈前のめり〉の「プロ」という意識をかりたてるためには、ひとはまず来るべき未来とそこから離れつつある現在とを、あざやかに対比する必要がある。とともに現在が現在からあざやかに離脱するためには、過去とはっきりと断絶していることとの確認も必要であろう。それによってはじめて、わたしたちの意識は現在という時間の「際《きわ》」に集中するようになるからだ。「いま」というものを先鋭化する感受性をもし現在主義とよぶなら、そういう現在主義をもっともきらびやかに煽るのが、高度消費社会の心的装置、つまりはモードという現象であろう。ゲオルク・ジンメルによれば、モードこそ、「来ること」と「行くこと」との、「発端」と「終焉」との差異をできるかぎり際だたせる分け目の点、そこに現在という時があり、何かが終わり、そして別の何かが始まるという、そういう境界としての瞬間にいまいるという感情を、もっとも強力に煽るものなのである。それが現在を、時間の「際」として浮き立たせるのは、そこで何かが終わり、何かが始まるという意識を喚起することによってである。現在という時点が、始点と終点、発端と結末とをもつ「強い」物語を背負っているふりをすることによってである。

近代的な生の特殊な「性急な」テンポは、生の質的内容の急速な交替への憧憬ばかりではなく、発端と終焉、来ることと行くことという限界の形式上の刺激の強さをも語っている。このような形式のもっとも簡潔なものにおいては、流行は、一般的な普及への傾向と、ほかならぬその普及がもたらすその意味の消滅とのあいだの蕩揺《とうよう》によって、限界の独特な魅力、同時的な発端と終焉の魅力、新奇さの魅力と同時にその儚《はかな》さの魅力をもつのである。流行の狙いとするところは存在か非在かではなくて、同時に存在であり非在であることである。流行はつねに過去と現在の分水界に立ち、そうすることによって、流行が栄えているかぎりは、他の現象には稀にしかないほどに、強烈な現在の感情をあたえる。(7)

過去からきっぱり切断される「分水嶺」としての現在にたいし向けられる鮮やかな感情、この感情はおそらく、現在を過去の連続がここで断ち切れるぎりぎりの瞬間としてとらえる歴史意識と無関係ではない。これを裏返していえば、前のめりの「いま」がつねにフロント（最前線）として現象するということである。政治についてと同様、ファッションについても前衛（アヴァンギャルド）がいわれるゆえんである。(8)

このようにして、生活にたいするわたしたちのかまえは、総体として前方に傾いている。経済や科学も、政治意識や生活世界における道徳的感受性（エートス）も、そしてメディアが流通させるファッション・イメージも、未来のはじまりとしての現在の意識、pro という〈前のめり〉の意識に深く浸透されているのである。そしてこの全過程は、労働についてのわたしたちの近代的な理解のしかた、労苦としての仕事のとらえかたと深く結びついて、社会にあまねく定着していったのであった。

3　ビジネスという感覚

タイム・イズ・マネー

時間の感覚と労働の観念とを近代的なかたちで結びつける標語とでもいうべきものに、「時は金なり」ということばがあることは、先に少しふれた。マックス・ヴェーバーが「倫理的な色彩を帯びた生活原則」としての「資本主義の〈精神〉」をそこに読みとった、フランクリンのことばである。

時間は貨幣だということを忘れてはいけない。一日の労働で一〇シリング儲けられるのに、外出したり、室内で怠けていて半日を過ごすとすれば、娯楽や懶惰《らんだ》のためにはたとえ六ペンスしか支払っていないとしても、それを勘定に入れるだけではいけない。ほんとうは、そのほかに五シリングの貨幣を支払っているか、むしろ捨てているのだ。

信用は貨幣だということを忘れてはいけない。だれかが、支払い期日が過ぎてからもその貨幣を私の手もとに残しておくとすれば、私はその貨幣の利息を、あるいはその期間中にそれでできるものを彼から与えられたことになる。もし大きい信用を十分に利用したとすれば、それは少なからぬ額に達するだろう。貨幣は繁殖し子を生むものだということを忘れてはいけない。貨幣は貨幣を生むことができ、またその生まれた貨幣は一層多くの貨幣を生むことができ、さらに次々に同じことがおこなわれる。五シリングを運用すると六シリングとなり、さらにそれを運用すると七シリング三ペンスとなり、そのようにしてついには一〇〇ポンドにもなる。貨幣の額が多ければ多いほど、運用ごとに生まれる貨幣は多くなり、利益の増大はますます速くなっていく。(9)……

ヴェーバーがここに読みとったのは、「自分の資本を増加させることを自己目的と考えるのが各人の義務だという思想」である。一八世紀の人、フランクリンによって提唱されたこの、累進的増大を徳目とするような思想は、生命と財産の保全のために所有権の理論を構築し、『市民政府論』を書いた一七世紀の哲学者、ジョン・ロックのなかに、理論としてはより整備されたかたちでみられたものである。

勤勉・勤労の精神

個人による所有への権利を、市民の自由の基礎をなすものとして無制限に承認しようとしたロックにとって、そこからどうしても帰結する所有の不均等をどのように正当化するかは、所有権論のいわばネックとなる問題である。そのために、ほんらいは無制限に認められるべき個人的所有権に、三つの制限を加えたが、そのうちもっとも重要な制限は、ひとは腐敗させるなどしてその価値を滅失させずに使用できるものだけを所有する権利をもつというものである。そしてこの制限について次のように述べる。「自分の正当な所有権の限界を越えたかどうかは、その財産の大きさのいかんにあるのではなく、何かがそこで無用にそこで滅失したか否かにある」[10]というのである。この制限条件が主としてターゲットにしているのは備蓄家ではなく浪費家であり、浪費の防止こそがここでは説かれている。そしてこの浪費防止をめぐって導入されたのが、じつは〈貨幣〉と〈勤勉〉の概念なのであった。

ロックとともに、労働は、たんに所有にたいする最終的な権利根拠のみならず、それを超えて「価値ないしは富の源泉」を意味するようになった。「世界を人間に共有のものとして与えた神は、同時に、生活上の最大の利益と便宜とに資するようにそれを利用すべく、人間に理性をも与えたのである」とか、「あらゆるものに価値の差異を生じさせるのはほかならぬ労働である」といわれるように、財はつねに増大すべき動態的なものとされ、そうしたより多くの価値ないしは富を生みだすものとして労働が称揚されているのである。ロックにおいて、より多くの価値ないしは富といわれるときのその多さ・豊かさ（plenty）について、レオ・シュトラウスは次のように解釈している。「実際の豊かさは、個人が自ら使用しうる限度以上に専有するための誘因をもたなければ、生み出されはしないだろう。勤勉で合理的な人たちでさえ、彼らの所有欲（amor habendi）が、それ自体として有用なもの、例えば肥沃な土地や役立つ動物、それに便利な家屋のようなもの以外の、他の対象を持ちえない限り、初期の人間を特徴づけたあの活気のない怠惰へと逆戻りするであろう。……真の豊かさを生み出す労働へと向かわせる誘因は、獲得欲——使用しうるより以上のものを持とうとする欲求——であり、これは貨幣の発明によって存在しはじめるのである[11]」と。

　そしてここにおいて、神によって与えられたこの身体の作業をつうじて新しい価値と富とを創造すべく命じられているという要請、つまり「怠惰で無分別」（lazy and inconsiderate）であるのではなく「合理的で勤勉」（rational and industrious）であれという要請が、「勤労」（industry）の精神、ヴェーバーが指摘したあの資本主義のエートスとしての「勤労」の精神へと転位するのである。合理性と勤勉はこうして能率性と累進性へと収斂していく。そしてその「勤労度の差」(different degrees of industry)によって各人の財の不釣りあいも生じてくるのであるから、結果として所有量の不平等も是認されることになる。そしてそういう個人的所有を維持・保存するのではなく、むしろみずから無制限に増大させる権利を獲得し、たがいに保全しあうためにこそ社会は存在すべきであると、ロックは考えたのだった。(12)

現代の真空恐怖

こういう心性、こういうエートスが、人間の活動はたえず価値を生産しなければならない、それもつねにより多く、より速やかに、つまりはより効率的に(!)、という強迫観念を生みだしてくる。ここではわたしたちの日々の行為が、何らかの価値を生産する活動として規定され、その合理性が効率性を基準として規定される。かつてボードリヤールが『生産の鏡』のなかで「妖怪」と呼んだあの〈生産性〉(productivité)の論理である。この論理が、わたしたちが前節で述べた〈前のめり〉の時間意識と強く結びつくとき、例の「時間は貨幣である」という言葉がもつ「道徳的訓戒」としての含みがあらわになるのであり、時間を無駄に使用することをひとつの損失として意識させるような一種強迫的な心性が発生する。時間の空白は埋められねばならない、しかも意味と価値のあるものによって、という、西欧社会（とりわけ物理学や絵画の世界）にかつて根深くあった〈真空恐怖〉にも擬せられるような神経症的な意識が、生みだされることになるのである。

わたしたちの手帳のスケジュール表は、ほとんどその戯画である。手帳の不安、それはスケジュール表の空白である。埋められていない空所を一つ一つ埋めていくことで、わたしたちのこころは落ちついていく。忙しくなることがわかっていても、ぎりぎりまですきまを埋めていくのである。ページを黒く埋めることで安心するのである。が、スケジュールが詰まっているということを、多くのひとは、他人に認知され、他人に必要とされていることと勘ちがいしている。だから、いくら空白を埋めても、不安は消えない。というのも、いつ仕事が途切れ、空白ができるかわからないからである。だからいくら予定が詰まってきても、じぶんから減らすのはこわい。まさに〈真空恐怖〉にも擬せられうる空白への恐れである。ビジネス手帳の分厚さが、わたしたちのこころを癒すのである。あるいは、母親が作る児童のための時間割。そこに浸透している神経症的意識が、子どもたちを囲い込む。ついでにいえば、これは、平地だけでなく、どんな急な斜面であっても、たとえわずかでも田畑に作り変える可能性のあるところは耕す、しかも憑かれたようにきちんと矩形に（！）という、あの農耕社会の執着気質にどこか結びつけて考えることもできるかもしれないが、いまはそう断言する用意はない。

予定がいっぱいでふさがっていること、つまり多忙（busyness）が、仕事や商売、事業という意味でのビジネス（business）のひとつの本質である。busyとはもともと「手がふさがっている」という意味で、ドイツ語でも、予定がいっぱい詰まっていて暇がない状態をbesetzt（ふさがっている）という。ひとつ、例をあげておこう。一九八〇年代の終わりごろだっただろうか、「バブルがはじけた」といわれる直前のころに、新幹線でひとりの初老のビジネスマンと隣りあわせたことがある。そのとき、しきりにワープロを叩いておられたので、いけないかなとおもいながらもふと目をやると、「ゆとりプロジェクト」というタイトルをつけた企画書だった。そう、新幹線に乗っている時間もせっせと「ゆとり」の企画を作っていたのだ。ゆとりのためにゆとりなく働くというアイロニー、アンチ・ビジネス、つまりはゆとり・くつろぎが現代ではきわめて大きいビジネス・チャンスとなるというアイロニーが、ここにはある。

それにしても、どうしてこんなことが起こるのだろうか。

わたしたちはいつのまに、次の瞬間のことばかり考えるような生活態度のなかにどっぷり浸かってしまったのだろう。どうして人生というものを一本のラインのようにイメージするようになってしまったのだろう。どうして生活のどの瞬間をも有意義に、効率的にしようと焦りはじめたのだろう。わたしたちはいつのまにいやいやではなく、あたりまえのことのように、あるいはみずから志願して、残業したり休日出勤したりするようになったのか。じぶんたちで自棄気味に、ワーカホリックなどと命名するまでに。

第二章　インダストリアスな人間

1　〈インダストリー〉というエートス

義務としてのレジャー

それにしても、時間に空白がないよう、それをすべて何かで埋めていないと不安になる……そういう心性は、いったいどこからくるのだろうか。動物は、たとえばあの狩猟の名手であるライオンや鷹などの禽獣にしても、年中ほとんどおっとり、あるいはごろごろしていて、狩猟といってもごく一仕事というかんじでやるだけだ。人間の場合にでも、狩猟社会なら、労働は一日平均、せいぜい三時間で十分だという説もある。貯めこみ、備蓄ということを考えなければ、一日のかなりの部分は何もしなくていい時間のはずである。ところが人間は、財をもてばもつほど、逆に気が急《せ》く。忙しくて時間がなくなる。どうしてなのだろうか。

この問題を解かないことには、わたしたちはいくら国民総生産が上昇したとか、「豊か」になったとかいわれても、釈然としないだろう。(1) いくら豊かな財に囲まれた生活ができるようになってもそれを享受すべき時間がない、だとすれば、幸福や満足感がともなうはずもないからである。いや、週休二日制が定着しだしたときも、家でやることがなくてごろごろしていると、なんとなく邪魔もののような気分になって居づらくなり、会社に出てくるひとも、はじめのころは絶えなかった。何もすることがないのはむなしい。が、会社は閉まっている。で、何かしなければとおもって、こんどは余暇や休暇という「空き時間」を、仕事ではない別のことで埋めようとする。家族と遊園地に行ったり、日曜大工をしたりと、まるで義務のようにして何か仕事ではないことをしはじめる。が、その時間をこころゆくまで味わうことのできるひとは幸運である。多くの人びとはどこかむなしさを感じているはずだ。で、もっと濃密な時間、意味のある時間、充実した時間を体験しなければ、とあせって、余暇の過ごしかたをとてもきまじめに考えはじめる。レジャーじたいが義務のようになっていくのだ。

前章で、わたしたちは現代社会に深く浸透しているこうした「勤勉・勤労」の観念とそれに内在する前のめりの時間感覚をみてきた。いいかえると、休みのときですらそれを有効に使わなければ、という強迫観念に駆られた人びとの意識を、その息せききった時間感覚という視点から浮き彫りにしてきた。何もしていない時間を、無為の時間、空虚な時間、むだな時間、無意味な時間としてわたしたちに感じさせるそのこころの仕組みはいったいどういうものなのか。

仕事中毒とそこからの離脱願望

この仕組み、この強迫観念がひとつの美徳として意識されてきたところに、とりあえず問題の根がありそうだ。「勤勉・勤労」というモラル、これをわたしたちは〈インダストリー〉の精神として、しばしば西洋近代社会のイデオロギーのなかでその生成を考察することが多いが、もちろん西洋にかぎらず、文明化、近代化の過程というのは何がしかのかたちで見いだされるものであろう。むだをなくし、少しでも効率のよい活動を、という精神は、わが国でも「倹約」の精神、「勤勉」の精神として長らく称揚されてきたものだ。柴を背負って歩きながら、本を読むという、究極の「勤勉」ながら族、ほとんどビョーキともいうべき時間の吝嗇家《りんしょくか》を、二宮尊徳は小学校の入口でいまも演じている。

このような強迫観念に囚われていることそのことを人びとが批判的に意識するよう

になって、一九六〇年代の青年たちを中心とするカウンター・カルチャー（反文化、対抗文化）という、いかにも逆説的なカルチャー・ムーヴメントや文化革命のなかで、あるいは「モーレツからビューティフルへ」ということばに象徴されるような七〇年代の意識変容のなかで、価値感の強烈な揺り戻しが起こったのは、記憶にあたらしい。財にではなくて、「ゆとり」や「余裕」のうちにこそ真の価値、真の豊かさはあるという考え——よく考えてみれば、近代以前の西洋古代・中世社会でも「必要」から切り離された「余暇」の時間に大きな価値が認められていた——、その意味では「時は金なり」という考えが、逆の意味で復活したわけである。二世紀前は時間をすきまなしに効率よく使うために、そしてこんどは時間をのびのびと味わうために。「仕事中毒」(workaholic)というクリティカルなことばが生みだされ、「仕事」や「労働」ということばが急に色褪せてみえるようになった。かつて労働のよろこびであり本質であったものが、労働でない活動のなかに求められるようになった。かつてカール・マルクスは同時代の労働の状況をさして、「労働者は、労働の外部ではじめて自己のもとにあると感じ、そして労働のなかでは自己の外にあると感ずる。労働していないとき、彼は家庭にいるように安らぎ、労働しているとき、彼はそうした安らぎをもたない(2)」と書いたが、それがまさに現実化したのである。

ここには、戦後の労働運動をも支えていたある労働理念をめぐって、とてもアイロニカルな現象がみてとれる。というのも、近代社会のなかで、人びとは働くこと、労働や仕事を、価値を生みだすそれじたいが価値のある活動としてとらえてきたし、またそれをつうじて人間が自己の価値を実現する有意味な行為としても労働はとらえられてきたのだが、その価値、その意味をとりもどすはずの言説が、労働をとおり越して、労働でないもののうちにそれらの価値や意味を発見しはじめたからである。[3]

労働による自己実現

労働を人間的な行為として評価し、ときには聖化しもするような視線は、多くの社会思想史の書物が指摘するように、西欧の近代社会においては二段階のしかたで形成されてきたといえる。

順を逆に追うかたちになるが、まずカール・マルクスの労働観からみていくと、マルクスにとって労働が人間にとってかけがえのないポジティヴな意味をもつのは、それがみずから設定した目的の実現の過程としてあるからである。人間の労働過程は、計画と構想にもとづいて設計される。たとえば蜘蛛は巣作りにおいて、蜜蜂は蠟房作りにおいて、人間の建築士顔負けの精緻な作業をする。が、人間の建築士の労働はそれよりも格段優れている。「建築士は現実に巣を築く前に、それをすでに頭の中に築いているからである。労働過程の終わりに、その初めにすでに労働者の表象のうちに現存していた成果がでてくる。彼は、労働がくわえられる材料のたんなる形態変化だけを生ぜしめるのではない。彼は、同時に、彼の目的を実現する」[4]というのである。

こういう自己の本質の〈外化〉、〈対象化〉という考えかたは、ヘーゲルのそれを受け継ぐものだ。ヘーゲルによれば、労働において人間は、自己をみずからにとっての対象となす、つまりは自己を対象化することで、他在のもとで自己自身と関係するものである。労働とはつまり、人間の自己実現ないしは自己産出の過程であるはずのものだ。が、それが生産手段が資本家によって独占的に私有されている労働現場では、賃労働者による生産物が生産手段の所有者の所有物になるので、この自己の対象化(Vergegenständlichung)の過程はほかならぬ対象喪失(Entgegenständlichung)の過程として現象することになる。自己の外化(Äußerung)が自己の疎外(Entfremdung)へと裏返ってしまうのである。ヘーゲルの論理ではこの疎外のプロセスが覆い隠される仕組みになっているというのが、初期マルクスのヘーゲル批判であったが、労働のみならず、人間の精神的な活動一般まで含めて、それら人間の自己形成の過程としてとらえる視点――ヘーゲルは『哲学史』のなかで「精神の労働」という言いかたもしている——は、ほかならぬそのヘーゲルから継承したものである。

労働価値説

ところで、「労働」という人間のいとなみについては、目的の実現、自己の対象化というとらえかたとともに、もうひとつ、価値を生みだすものというポジティヴな考えかたがあった。これはジョン・ロックにもすでにみられた考えかただが、より体系的な理論を労働価値説として展開したのは『国富論』のアダム・スミスである。スミスの理論は、先行する重商主義のそれとは異なって、富（wealth）というものを財貨、つまりは金や銀、財宝や奢侈品とは考えず、それを市民の「生活の必需品と便益品」としてとらえる。そして国の富とは、国民の労働によって生産されるものの総量だというのである。それは基本的には国外との交易において発生する利潤によってではなく、人びとの労働によって生みだされるものなのである。労働がここでは、何よりも富の源泉としてとらえられている。そのことがずばり語られている箇所を、とりあえず引いてみよう。

およそ商品の価値は、それを所有していても自分では使用または消費しようと思わないで他の諸商品と交換しようと思っている人にとっては、その商品でかれが購買または支配することのできる労働の量に等しい。それゆえ、労働はすべての商品の交換価値の真実の尺度である。あらゆる物の真実価格、すなわち、どんな物でも人がそれを獲得しようとするにあたってほんとうに費やすものは、それを獲得するための苦労と骨折りである。あらゆる物が、それを獲得した人にとって、またそれを売りさばいたり他のなにかと交換したりしようと思う人にとって、真にどれほどの価値があるかといえば、それによってかれ自身がはぶくことのできる苦労と骨折りであり、また、それによって他の人々に課することができる苦労と骨折りである。貨幣または財貨で買われる物は、われわれ自身の肉体の苦労によって獲得できるのとちょうど同じように労働によって購買されるのである。その貨幣、またはそれらの財貨は、じっさいこの苦労をわれわれからはぶいてくれる。それらはある一定量の労働の価値をふくんでいて、その一定量の労働の価値をわれわれは、そのとき、等しい労働量の価値をふくむとみなされるものと交換するのである。労働は、すべての物にたいして支払われた最初の代価、本来の購買代金であった。[5]

ここで示されているような労働についての考え、つまり、労働こそ価値の源泉であり、交換価値の基準となるものであるという、労働についての理解の背景には、もちろん労働が人間に固有の本質をなすという考えかたがあろうが、ここでそれ以上に興味ぶかいのは、労働が人間の生命維持のためにどうしても必要な「苦労」(toil)であり「骨折り」(trouble)だという考えかたである。「苦労」であり「骨折り」であるがゆえに、もししないでよいのならしないですませたいというのがほんとうのところだろうが、しないではすまされないからこそ、逆にそれを進んでおこないうるようなモティヴェーションが編みだされねばならなかった。「勤勉・勤労」という美徳が、まさにそのようなものとして生まれたのである。ここで「勤勉・勤労」という観念が、より多くの価値を生みだすという、動態的な財の観点と、休まずに働くことそのことじたいが意義のあることなのだという、エートスの奨励という観点とを統合するものとして、提示されていることはすでにみたところである。

労苦の時間と空虚な時間

さて、〈労働〉(labor)がもし労働価値説がいうように「苦労」と「骨折り」であり、つまりは「労苦」であるとするならば、さらにはまたマルクス主義がいうように強制された活動であり、束縛であり、搾取であるとするならば、労苦と強制からの解放としての〈自由〉もまた、〈労働〉の対項としてイメージされることになる。つまり〈自由〉は、「非労働」という逆倒した場面に探すほかなくなる。束縛された時間に対して、もっと自由な時間を、余暇を、というわけだ。ボードリヤールを引くならば、「この非労働の領域は、《全体的な無拘束》、個人が価値として自己を《生産》し、《表現》し、(意識的または無意識的な)真の内容として、それ自体を《解放》する《自由》以外の何を表現しているのか。要するに、非労働の領域は、最後にはそれ自体の自由によって満たされなくてはならない、空虚な形態としての、時間と個人の理想状態である[6]」ということになる。こうして、非労働のうちでこそ「労働の純粋な形式」が輝くというまことにパラドクシカルな現象に、わたしたちは遭遇することになる。カントにおける道徳の形式主義ではないが、近代化はここでも異様なまでに内容に無関心な形式主義として現出するわけである。

　この純粋な形式としての〈自由〉は、質的な内容をもたない。それは文字どおりの「空虚」、すなわちヴァカンス(＝休暇)である。そこでは〈自由〉な時間は、非生産的な時間というよりもむしろ、無内容な空っぽの時間として空洞化される。ふたたびボードリヤールを引くならば、「労働による搾取の終りという目的は、たしかに非労働によるさかさまの楽しみ、自由な時間というさかさまの蜃気楼である。……非労働は、まだ労働力の抑圧的な非昇華にすぎない[7]」わけである。こうして、余暇はたんなる「退行的活動（日曜大工や工芸、蒐集、釣など）」へと縮減させられることになる。いやそれどころか、いずれ将来ある種の労働が、皮肉なことに、「余暇から解放されて一息つくための場所と時間」になるやもしれない。ここでわたしたちは、「労働そのものが消費されるという逆説的な段階」に行きつくといってもよい。そしてこれは現在ではすでに珍しい光景ではなくなっている。

〈労働〉フェティシズム

労働の対項としての余暇や遊び、その領域にまで効率と生産性の論理がひそかに、そして深く浸透してくることによって、労働と非労働の隔たりがだんだん詰まってくる。人間の活動が労働として普遍化していくのである。この《労働社会》を貫通している、つねにより効率的な生産をめざさなければならないという強迫観念、もはや「禁欲」としてすら意識されないこのインダストリー（勤勉・勤労）の心性は、一種の〈労働〉フェティシズムとして規定することができるだろう。そしてまさに近代社会は、このフェティシズムによらなければ動かなかったのである。

何をやりとげたか、その仕事（work）の成果（work）、つまりはなしとげた業績

（work）や生みだした作品（work）が、そのひとの存在をかたちづくるという、そういう観念が、こうして近代人の意識のなかに深く深く浸透していったのであった。手帳のなかに「進行中の仕事」がいっぱい書き込まれていると、やっと安心できる、そのような心性が形成される。職業社会のうちだけでなく、教育の現場にまで、この業績主義、成績主義という〈インダストリー〉の精神が浸透していく。そしてそれをもっとも明快に図示する点数制が導入される。

業績主義というのはまた、偶然的なものの介入をできるだけ避けようという思想でもある。あらゆるものが計画どおりに進むことがものごとのもっとも効率的な進行と考え、したがってその過程が計画された軌道を外れて迷走すること、突発的な出来事によって途切れることがもっとも厭われるのである。現在おこなっていること、進行していることは、目的実現のために必要なものとして位置づけられ、また過不足なく遂行されねばならないわけである。それはつまり、「遊び」が許されないということでもある。「遊び」が労働のシーンからかぎりなく遠ざけられる。

こうして仕事が、労働が「生きがい」となるような心性が定着してくる。人びとははやく一人前の大人になりたいと願うようになる。そのために「いますべきこと」が位置づけられることになる。「遊び」は時間のたるみ、時間の浪費として意識されるようになる。学校がその象徴的な場所となる。「遊び」の時間は、休み時間、つまり次の作業まで休息し、力を貯える時間となる。「遊び」は、体力をつけたり、規則正しい共同作業のシミュレーションの機会となり、体育という訓練の機会となる。そしてそのかぎりで、学校のなかに場をしめることになる。かくれんぼや下駄かくし、おじゃみ（お手玉）や綾取りは、非生産的であるがゆえに、一日もはやく抜けだすべき、「女子供」のつまらぬなぐさみごとだとされる(8)。〈労働〉はこのようにして、人生を意味づけるもの、生きがいとして受けとめられるようになる。〈労働〉が人生の軸となる。活動のモデルとなる。多くの定年退職者にとって定年とは、だから、生きがいとしての〈仕事〉の喪失を意味する。定年後の虚脱感もそこからくる。

2　〈生産〉という鏡

安定と停滞を忌避する社会

より多く、より速やかにという、累進性と効率性の要求、つまり無為と怠惰を忌避する〈インダストリー〉の精神は、価値の生産にはじまってその蓄積と所有への欲望を煽りたてるだけではない。わたしたちがそのうちにどっぷりと浸っている高度消費社会においては、さらに消費という、本来生産とは逆ヴェクトルの行為ですらも、同じエートスのなかで規定されるようになる。消費もまた、無目的な浪費あるいは無意味な喪失であってはならず、逆に価値の投資、つまりより生産的な未来に備えた目的のある支出でなければならないとされる。近代の労働社会のとばくちでロックがすでに指摘していたように、戒められねばならないのは「貪欲」ではなく「浪費」なのであった。

高度消費社会では時代はさらに進行し、ボードリヤールも指摘するように、「労働・利潤・合理性というなまぐささむきだしの現実と見たところ真反対のもののように思われるイデオロギー的価値のあれこれが光明に結びつけられる」必要に迫られるようになっていく。より高く、より速く、より高度に、といった姿勢は、今日では生産や流通の場面だけでなく、遊びや社交や快楽の場面など、もともと効率や速度とは無縁な生活領域にまで浸透した普遍的な心性となっている。この社会はどうも長く、安定と停滞とを徹底して忌避してきたようだ。

とくにわたしたちが経験してきたこの四半世紀は、こうした心性そのものをひたすら高密度化してきたといってよい。そういう強迫観念が普遍的なのは、あらゆるものに浸透していくからだけでなく、そういう心性に対する批判や異和の意識をも、そのなかに新たな資源として、どんどん吸引していくからである。(9) 一九七〇年代以降、さまざまのカウンター・カルチャーが同時に商品として消費・流通の機構のなかに回収されていき、現在ではパンクやグランジといった顰蹙《ひんしゅく》もののアンチ・モードですら、すでに一個の定番となっているくらいだ。また、八〇年代のいわゆるバブル現象の渦中で、「ゆとり」や「感性」など、能率や合理性と対立するような観念まで、企業戦略の主要なターゲットになったことも記憶に新しい。そして九〇年代に入って、「環境保護」や「清貧」も先端の流行商品になった。記号の戯れから下りて世界についてもっと堅実に対処すること、そのことが「九〇年代っぽい」などと受けとめられて、流行した。まるで「新しさ」にもあきてしまったかのように、である。

きまじめな心性

こうして、産業社会から高度消費社会への移行のなかで、主体は、価値生産的主体としての労働者から価値消費的主体としての消費者へと、確実に重心移動を引き起こしていったのだった。さらにその消費も、物の消費から事態の消費へ、さらには欲求の充足から「新しい欲望の発明」へと、位相変換していった。生活必需品を買うためではなく、新たな快楽を求めて、ひとは商品の集積をうっとり眺めるようになるのである。「勤勉・勤労」という同じ強迫的エートスが、価値を産出する主体の存在や、あるいはその主体の非労働時間のありかたにまで浸透していったのだ。

〈インダストリー〉（勤勉・勤労）という名の、あの近代生活を蔽う「真空恐怖」はこうして、空き時間をもまたすきまなく活用し、開発するようわたしたちを駆りたててくる。インダストリーの精神は〈生産性〉という鏡にじぶんを映す。余暇（自由時間）そのものが消費の制度のなかに組み込まれ、たえず新たな欲望で埋められるだけでなく、さらには何か実のあること、たとえば自己学習や家庭奉仕、ヴォランティアなどといった別の意味で価値生産的な活動で充塡しなければ……という強迫的な意識がわたしたちのなかで芽生えてくる。あるいは、ゲーム、リゾート、観光旅行などといったレジャー産業の隆盛。そこでは労働からの免除という意味での余暇活動のディレクションとマネージメントこそが、もっとも大きなビジネス・チャンスとして浮上してくる。気持ちのいいこと、愉しいことをこそしなければ、という意識が煽りたてられる。快楽までもが、まるで義務のように強迫的に感じられるようになるのだ。こうして、たえず何かをしていないと不安になるというビョーキが生産される。何ごとも、仕事も遊びも、手を抜くことなく全力投球してこそよろこびはあるという、そういうきまじめなメンタリティが形成されてくるのだ。

生産性という論理

こうしたきまじめなメンタリティが人びとのうちにしみ込んでいくなかで、つまり、ありとあらゆる活動がすきまなく労働化してきたなかで、人びとはいま、そのようなエートスの飽和状態のなかで息がつまって、逆にそうしたエートスの外部に出ようとしているようにみえる。〈生産性〉という観念の外部に、である。が、「価値の彼岸にあるものを見出そうとするならば、西欧のすべての形而上学が映っている、生産という鏡を壊さなくてはならない」。労働と仕事の現在をより正確にとらえるためにも、この「生産という鏡」の囚われた社会をさらに突っ込んで分析しておく必要があるだろう。

前章で、前のめりの生活、前望的（プロスペクティヴ）な時間意識について述べたが、このように意識を先へ先へと牽引していくことをラテン語で表現すれば、producereという語になる。前に‐引っぱる（pro-ducere）、英語でいう「生産」（produce）の語源になることばである。この「プロダクション」の観念がわたしたちの社会で普遍化してくる過程を、ボードリヤールはずばり『生産の鏡』と題した先ほどの書物のなかで次のように描きだしている。

経済システムは、売買される労働力としての個人を生産するだけではなく、労働力を基本的な人間の可能性としてみなす考え方そのものを生産する。経済システムは、市場で自分の労働力を自由に交換する個人というフィクションのなかに入りこんでいるばかりか、それ以上に深く、個人をその労働力と同一視したり、《人間の目的にあわせて自然を変形する》行為と同一視したりするなどの、ものの考え方のなかに根をおろしているのである。要するに、資本主義的な経済の体系による、生産力としての人間の量的な搾取があるだけではなく、経済のコードによる、生産者としての人間の形而上学的な多元決定もある。(10)

ここでポイントになるのは、生産性の論理が労働の現場から消費の過程にも浸透していったということではない。それをも超えて、生産性の論理が、個人としての人間、個的な主体としての人間の自己理解の構造にまで入り込んでいったことである。のちに見るように、それは、じぶんの身体までも開発されるべき資材として、あるいは消費対象として意識するようになるところまで行きつくだろう。そして快楽までも、生産性の論理に巻き込まれることになるはずだ。

ところで、人間を労働力として規定するこのような生産主義的な視点は、ボードリヤールによれば、マルクス主義によって駆逐されるどころか、逆に強化されたのであって、「マルクス主義は、人間に対して、人間は労働力を売ることによって疎外されているのだと説くことによって、……〔人間は〕労働力である限りは、労働によって価値を生む《譲渡しえざる》力である限りは疎外されているのだというずっとラディカルな仮説を非難することになっている[11]」という、まことにアイロニカルな事態がそこには見いだされるのである。ちなみに、ここで「譲渡しえざる」というのは、他人のものとはなっていない、つまり「じぶんに固有の」という意味である。そしてそういう価値の生産ということに人間存在の本質をみるような思考法からこそ脱却しようと、ボードリヤールはいうのである。

労働主義の過剰展開

同じ問題は、「労働の尊厳」という別の強迫的観念のもつ問題性として、今村仁司によっても指摘されている。「〈社会主義〉の諸思想と諸システムが、基本的な人間活動としての労働の了解様式に関しては、〈資本主義〉といささかも変りがなく、いやむしろ〈資本主義〉以上に〈労働の尊厳〉なるものを極端にまで引き伸ばしてみせたこと、おそらくそこに現代の最も根源的な問題――ひょっとすると回復不可能な〈労働主義〉の過剰展開――が横たわる[12]」というのである。そういえば、ドイツの国家社会主義政府が設置した強制収容所の入口には、「労働は自由への道」(Arbeit Macht Frei) と書かれてあった。労働が福音をもたらすというわけだ。

が、強制収容所には強制労働がつきものである。強制という契機こそ、肉体の骨折り以上に、わたしたちに労働を嫌悪させるものであろうが、生産性の論理はその嫌悪を使命感へと裏返すよう、人びとをその内面からうながすような心的機制を編みだした。それが〈インダストリー〉というエートスであった。

産業社会、それは労働過程をとおしてひたすらインダストリアス（勤労・勤勉）な心性をもつよう要求する社会なのだが、その産業社会、インダストリアル・ソサエティとは、別の視点からいえば、いうまでもなく工業社会ということであり、工場生産が大幅に機械化していった時代の社会のことである。そしてその労働過程は、工場の生産装置の活動に対応できるような規則的ですきまのない活動を人びとに強いてくるものである。

ヴェイユの工場日記

工場所有者が何より嫌うのは、気まぐれと怠惰である。そのたびに工程が滞ってしまうからである。労働者はよけいな意識はもたずに、ただ機械的に身体を動かすのがいいとされる。工場労働は、労働過程が分解され、そのそれぞれが単純運動化され、さらにそれらがオートメーションのかたちで再統合されるというふうに組織化されていくなかで、それじたいがますます機械化していかざるをえないのであった。

機械化はたとえば、テーラー・システムとよばれる、労働過程の「科学的」な管理システムのかたちで整備されていった。一定時間のなかで一定量の生産をこなすという、速度と効率の論理が工場のなかでより厳密に適用され、そのなかで労働過程がもっとも合理的かつ効率的に機能するよう再配分されていった。労働過程が単純な反復労働へと分解され（熟練労働の解体）、断片となった労働がいつでもだれにでも交替できるよう規格化（＝標準化）され、そのそれぞれにノルマが設定された。やがてそれはベルトコンベア方式の大量生産にと拡張されていくであろう。

ここで、労働のイニシアティヴはあきらかに機械の工程のほうにある。人びとはよけいな意識はもたないほうがいい。そういう工場労働において人びとがいかに「奴隷の感情」を強いられるかについて、シモーヌ・ヴェイユはみずからの工場体験のなかから、次のように語りだしている。知人に送った手紙のなかである。

この隷属状態には、二つの要素があるの。つまり、スピードと命令よ。スピードとはこういうことなの。「注文を完了する」ために、一つ一つの操作を、思考よりももっとはやく、じっくり考えることはおろか、もの思いにふける余裕もゆるさないような速度でズンズン続けてやらねばならないということよ。一たん機械の前へ立ったら、一日に八時間は、自分のたましいを殺し、思考を殺し、感情を殺し、すべてを殺さなければならないの。怒っていようと、悲しかろうと、いやであろうと、怒りも悲しみもいやな気持も全部呑みこんで、自分の心の奥底に押しこんでしまわねばならないの。こういうものは、速度をおとすからよ。命令とは、こうなの。出勤のとき、名簿にチェックしたら、退社のときチェックするまで、あらゆる瞬間にどういう命令をうけるかわからないのよ。そして、いつも黙って、服従しなければならないの。命令は、実行するのがつらいこともあり、危険なこともあり、また、実行不可能なこともあるわ。二人の上役から、まるで正反対な命令を与えられることもある。でも、そんなことはどうでもよいのよ。とにかく、黙って、屈服《くっぷく》するのよ。上役に口答えすることは、――どうしても必要な場合でも、――その上役が、よい人であるとしても（よい人でも、きげんのわるい時があるものね）――それはつねに激怒《げきど》をまねく目にあうことよ。そういう目にあったら、さらに沈黙しつづけねばならないの。自分がいらいらしたり、きげんのわるいことがあっても、ぐっと呑みこまねばならないの。言葉や行動にあらわしてはいけないの。行動は四六時中、労働のためにしばられているんだもの。こういう状況では、思考は小さくかじかんでしまうわ。ちょうど、メスをあてられる前に肉体がちぢむように、思考もちぢんでしまうわ。人は「意識を持つ」ことができないのよ。(13)

最後の文章は痛切である。ここに引いたヴェイユの文章は、かつて『女工哀史』に描かれたような悲惨な工場労働のことだと、まるで過去の遺物のように読んではならないとおもう。じぶんが巨大な機械の歯車、それも磨耗すればすぐに取り替えられ、廃棄処分にされるような、そういう事態は、現代のオフィス・ワークにおいてはいわば神経的なものになっていてじかには見えにくいかもしれないが、とても解消されたとはおもえない。逆にこういう思考停止は、現在では、むしろメディアが配給するイメージの消費、記号の消費というシーンでは、むしろより微細でかつ広範なものとなっているようにおもわれるからだ。アメニティとか気持ちいいことといった「快適」

の価値が無批判的に肯定され、人びとがまるで〝快楽マシン〟のようになってしまう社会、藤田省三が「安楽への全体主義(14)」とよんだような社会では、そういう思考停止が強いられているという事実が見えにくくなっているぶん、ここでは立ちどまってそれについて考えておく必要があるとおもう。

思考の停止

ヴェイユが指摘したもっとも重大な事態は、意識が眠ること、批判の眼も摘まれ、根こぎにされることだ。むしろ完全なまでの隷属状態に、こころが魅入られたように向かうということだ。「不幸の第一の結果は思考が逃亡を欲しているということである。思考はみずからを傷つける不幸を眺めることを欲しない」と、別の文章のなかで、ヴェイユは痛切な思いで書いている。

先にみたように、マルクスは、人間の労働過程を特徴づけているのは、労働過程の全体がはじめに労働者の表象のなかに現存しており、労働者はじぶんがおこなうことの意味を理解しつつ作業を進めるということであった。そのかぎりで、労働は肉体的ないとなみであるだけでなく、自己の目的をあらかじめ描きだし、そして実現する精神的な過程でもあるのであった。労働はそういうありかたをしているからこそ、たとえイデオロギー的であろうとも、あらゆる行為のモデルともなりうるものなのであった。

さて、より効率的な生産のために考案されたこの単純な反復労働の組み合わせは、生産工程としては合理的ではあったが、労働意欲を殺《そ》ぐというかたちで、逆にその効率を低下させていく。アランのことばを借りれば、人びとのからだが倦む、あるいは拒否しだすのである。かつてロシアの刑罰の一つに、水を二つのバケツのあいだで入れ替える作業を無限にくりかえさせるというものがあったそうだが、それは人間にとって、そういう無意味さがもっとも耐えがたいものだからである。右の労働観とのかかわりでいえば、労働には本来、表象という契機が含まれるが、ここではそのような契機の存在しない労働過程に人びとが組み込まれるからである。ここでは労働は「充実した」活動ではありえない。そこでまた「いかにやる気を出させるか」という工夫を、管理職の人たちは考えださねばならないことになる。

規格化される社会

こころの調教、からだの調教、そしてそれをとおして人びとにインダストリアスな精神を植えつけ、意識を過剰にもつことなく、いわば「自動的」に機能するような集団を形成すること――学校や学寮、兵営、工場、病院といった施設は、まさにそのような近代的な社会訓練の場として設置されていったのであった。ここで「自動的」とは、何よりもこころとからだの「従順さ」のことである。人びとのこころとからだを組織的に操作可能なものへと変換すること、つまり、「さまざまの実験を行ない、行動を変えさせ、個々人を訓育したり再訓育したりする一種の機械仕掛け」としての社会、だれが指示したり命令したりするのでもなく、まさに権力が匿名のままに自動的に機能するオートメーション工場のような社会を、近代人は夢みたのであった。それは権力者の欲望であるとともに、むだやすきまを放置しておかない〈インダストリー〉の強迫的エートスのまっすぐな帰結でもあったろう。人びとのそういうドライヴを、ミシェル・フーコーは「社会の軍事的な夢」と名づけた。

フーコーはその夢と技術を、『監視と処罰』(15)のなかでくわしく分析している。ディシプリン（規律・訓練）とよばれる身体の調教技術、それと連係していた身体の解剖学的分析、空間の割り振りと時間のプログラミング、さらには健康管理や人口調整の施策など、かれが「人間の身体の解剖‐政治学」ならびに「人口の生‐政治学」とよんだ権力の技術の細部についてはここではこれ以上ふれている余裕はないが、近代の労働社会というものがその一つ一つと連係するかたちで組み立てられていったことはうたがいないだろう。

それともうひとつ、こうした権力の技術が、諸個人の市民としての自己理解のしかたとも深く連係していたことも見逃せないだろう。たとえば個人の〈自由〉と〈自律〉という観念。フーコーの視点からすれば、近代の市民的自由の根拠としての諸個人の〈自律〉（オートノミー）は、皮肉にも権力の側からのより深い服従強制に呼応する心的機制である。〈自律〉とは、個人が自己自身を監視し、検閲し、制御し、管理しうるような心的体制のことにほかならず、これが主体としての個人の存在の根拠をなしているのであるが、それゆえにその自己監視の視線をノーマライズ（規格化＝標準化）しておけば、それがもっとも深い次元からの個人の社会的管理になるし、社会は、外部からの強制なしにまるで機械のように自動的に機能するもっとも経済的な装置になるというわけだ。そういう社会的技術として〈自律〉の思想をとらえる必要があるわけであって、フーコーはそうした文脈で、個人的〈自律〉を象徴する概念として〈主体〉（sujet, subject）を取りだしたのであった。sujet, subject は「主体」や「主語」と訳される語であるとともに、また「従属している」という状態、「服従させる」という行為をも意味することばである。この二義性を、フーコーは「主体化＝隷属化」（assujettissement）という概念のかたちできわだたせ、近代の社会化過程を特徴づけるいわゆるノーマライゼーション（正常化・標準化・規格化）の過程を析出するためのキイ概念へとねり上げたのであった。

快楽までも機械化する社会

こういう濃やかで冷徹な装置は、ひとが労働の強制から解き放たれて、支配も規律もないような自由な享楽を求める場面にも、そうとは気づかれずに深く浸透している。それは、快楽までもがまるで工場労働のようにきまじめに追求されるということである。この快楽主義と機械化との連結について篠原資明が述べているところによれば[16]、そのもっとも象徴的な事例はマルキ・ド・サドのなかに見いだされるのであって、その点で、サドの描写のうちに〈主体なしの機械〉を見て取ったロラン・バルトはサドの鋭い読み手だったという。

「近頃見たこともありませんわ、ジュリエットは二時間に三百回裁尾されたフランカヴィルの家で言う、今度のほど機敏に行なわれたお務めというものは。見事な男根がそうして用意を整えられ、それを挿入する役割をあたえられた子供たちの手に握られるまで、手から手へとわたされたのです。男根が受け手の尻の中に消えます。そこから出ます、別のが代わります。このすべてが一種の軽快さ、考えも及ばぬほどの迅速ぶりで片づけられたのです」。サドのこの一節についてバルトは言う、「ここに描写されているもの、これは事実上機械である。（中略）子供たち、美少年、準備役、すべての者が測り知れぬ、精巧な歯車仕掛け、時計仕掛けを形造っており、その機能は歓楽を結びつけ、連続する時間を生み出し、継目なしのベルトの上で放蕩の対象の上に快楽をもたらすことにある」。

このようにサドにあっては、生きている人間のグループが機械として処理されている。しかも、この仕掛けは開かれた装置である。「この機械はいかなる孤立者も、機械の外部にとどまる何ぴとも許容しない」（バルト）。ひとりだけでいる者は、しかるべき指示を受けて、グループ＝機械の中に参加するのである。……つまりサドにあって機械は、隠喩的（機械と類似したグループ）にも、換喩的（機械と隣接した人体）にも、人間と関係づけられ、快楽の生成装置となっている。

じぶんのからだを〝快楽マシン〟と化するほどの、サド的きまじめさ。それはまるで工場での作業工程をおもわせる。そのいとなみは、行為の効率性と、メンバーたちのあいだの緊密な連係プレーとをつねにより高度なかたちで求めるスポーツのそれにほとんど等しいというのは、『啓蒙の弁証法』（一九四七年）のホルクハイマーとアドルノである。かれらは、カントの厳格な道徳とサドの倒錯的な愛という、一見正反対のもののうちに、「無感動」（アパテイア）という、それこそ機械のようにはたらきだす共通の心性を見てとり、次のように書いている。

カントが超越論的に基礎づけたもの、つまり認識と企画との親近性、それは息つく暇なく合理化し尽された市民的存在のあらゆる細部に、避けがたい合目的性という性格を刻印しているのだが、それと同じことをサドは、すでにスポーツが出現する一世紀以上前に、経験的になしとげていた。近代スポーツの団体競技においては、メンバーは誰一人として自分の役割に疑いを抱かず、どのメンバーにも交替要員が用意されているというふうに、その共同プレーはあます所なく規則だてられている。こういう編成様式にそっくりのモデルを提供しているのは、ジュリエットのセックス・チームである。そこでは、いかなる瞬間も無駄にされず、いかなる体孔も放っておかれず、どんな機能も働かないままということはない(17)。

そしてこの文章のすぐあとで、こういういとなみはほとんど、「楽しみを享受することよりは、むしろ仕事として励み組織立てることのように見える」というのである。ここでは快の享受がもう快をとおり越している。こうした快楽ゲームのなかには、自己の欲求を実現することが、そのまま自己の消失を意味するほど、それほど徹底したメカニズムが貫徹している。そしてここにこそ、〈労働〉の観念と〈インダストリー〉のエートスの完成、つまりは《労働社会》の成立が見いだされるのである。

3　労働の倫理から欲望の戦略へ

インダストリーの飽和状態

さて、このような生産という鏡が、人びとの自己理解の深層に設置されるようになったことには、いったいどういう根拠があるのだろうか。生産性という観念が人びとの自己理解の仕組みを映しだす鏡としてはたらいているというのは、それが人びとのセルフ・イメージの形成に不可欠の契機をなしているということだ。生産性という観念は、このように人びとのアイデンティティ形成のプロセスに侵入することで、市民としての個人の内面的なエートスをかたちづくっていったとみられる。

この〈生産〉という鏡が、ワーカホリックとよばれる仕事中毒に、あるいは遊びまでむだなく効率的にやろうとする生産性の論理に、あるいはつねに不在の未来との関係で現在の行動を決定しようという前のめりの生活に、そして〝快楽マシン〟としての人びとの欲望の構造に、典型的なかたちで現われでていることは、わたしたちがこれまでみてきたことである。ところが、いまわたしたちの社会に起こっている、あるいは起こりつつあるのは、現象的には、まさにその正反対のことである。つまり〈インダストリー〉の精神がいわば一種の飽和状態に達し、生活そのものの目が詰まり、ゆるみがなくなり、先も見え、息苦しくなって、人びとはむしろそこからの脱出口をこそ見つけだそうと、やっきになっているようにみえる。

その飽和状態は、次のようなかたちでも現われている。それは、現在のわたしたちの「勤務時間」と「自由時間」のかなりの部分が、労働か非労働かの区別とうまく重ならなくなっているということである。高度消費社会とよばれるようなわたしたちの社会では、遊びや休暇そのものがビジネスのターゲットとなり、物や情報ではなく、「ゆとり」が商品になる、あるいはそういう非生産的契機をビジネスに結びつけることが、何よりもめざされる。こうしたサービス業では、労働というよりも心くばりとか言葉づかい、コミュニケーションとかの工夫が大きな意味をもっているので、労働が「苦労と骨折り」だというとむしろ事態を単純化しすぎているということになる。

じぶんがいま労働しているのかしていないのかが、ここではかならずしも明確ではない。あるいは、それがもし極端な物言いだとするなら、他人に強制されておこなうという以外に、労働を他の活動から区別する契機が、最終的に見当たらなくなってきているといってもいい。

インダストリアスな心性の根深さ

こういう局面をもふくめて、人びとはいま〈インダストリー〉の飽和状態のなかで、さまざまなかたちでそこに風穴を開けようとしているようにおもわれる。あるいはそういうエートスの普遍的浸透からこそ逃げだそう、下りようとしている。もちろんそうしたエートスの根深さをみくびることはできないのであって、〈インダストリー〉という観念による縛りからじぶんをゆるめようという、人びとの志向それじたいをふたたび企業が先まわりして、ビジネス化しようとする。休暇や遊び時間までさまざまなパッケージ商品として提供されるなかで、人びとはますます「真空恐怖」に陥っていくわけで、そこでそういうトレンド・ゲームから自由になろうとする。そしてまたそれ用のサービスが提案される。そういういたちごっこが、わたしたちのまわりでくりかえされるのだ。このように、コミュニケーションや情報の媒体、道具のコンビネーション、交通の機関……それらのすべてが企業とその緊密なネットワークのなかで生産され、配備されているかぎり、ビジネス・ネットワークの外部というものはほとんどありえない。菜園を借りて野菜を栽培するにも、アウトドアでキャンプを楽しむにも、そのための媒体をじぶんで一からつくりだすには時間がかかりすぎる。それほどの時間貴族には、わたしたちはまだまだなりえていないのが現状だ。

しかし、逸脱や放蕩、禁断の快楽へとひとを誘い込むものが禁止や禁忌であり、また非合理主義を密かに呼び込むものがほかならぬ合理主義であったように、この〈インダストリー〉という強迫的なエートスが、無益なものへの欲望をわたしたちの内部からじわじわと引きずりだしてきたことは、いまや疑いえないことだ。それは、わたしたちをこれまで呪縛してきたこの〈インダストリー〉というエートスの反動形成として生みだされたものにちがいない。

〈生産〉という鏡はわたしたちの自己理解の構造のなかに組み込まれている。そしておそらくはそこに、わたしたちのインダストリアスな心性の根深さ、執拗さの理由がもとめられそうである。ここで改めて確認しておけば、あらゆる行為が生産性の論理によって規定されるというのは、財としての対象的な世界のみならず、そういう価値を産出する主体そのものもまた自己をたえず価値として産出していくものとみなされるということであった。主体もまた財として自覚される以上、そういう規定のなかには主体も消費の対象となりうることが密かに宣言されてもいるのであった。それは、世界のみならず、ほかならぬ人間自身がひとつの消費財になりうるということである。

欲望への欲望

欲望されている物の産出ではなく、欲望そのものの産出、それがわたしたちの社会では企てられている。それはつねに無際限にかきたてられねばならない。物財が豊かになればなるほどいっそう稀少性が創出されないと、資本の増殖運動が停滞してしまうからである。そのために、物への欲望だけではなく、欲望への欲望があおられる。またそのために他者の所有する対象への欲望が、まるで対象そのものへの欲望であるかのように偽装されて発現してくるよう、仕組まれる。「自律した欲望」という幻想が生みだされるのである。

しかし、ルネ・ジラールがかつて『ロマンティークの虚偽とロマネスクの真実』[18]のなかで指摘したように、ひとはいつも欲望を、欲望する主体と欲望される対象とを結びつける単純な直線で表現するが、「一見、直線的に見える欲望の上には、主体と対象に同時に光を放射している媒体が存在する」。ここで媒体とは他者の欲望のことである。このいわゆる「欲望の三角形」とよばれる議論のなかでは、主体の欲望がつねに隠れた第三項に媒介されていることが強調される。「ある対象が主体の目に無限に好ましく望ましいものに見えるように仕向けるのは、媒体の欲望そのものなのである。媒介作用が、媒体の欲望と完全に瓜二つの第二の欲望を生みだすのだ」とジラールはいう。つまり、ひとは他者が指示した対象にしか欲望をいだかない。「主体の心を引きつけるのは、対象に対する欲望である以上に他者なのである」。欲望はこうして、同じ対象に対する他者の欲望の模倣として発現する。ひとはたがいに模倣しあいながら欲望を形成するのである。

対象への欲望は、ふつう、物の誘惑とか主体の欲求というふうに、主体と客体のあいだの関係とみなされている。しかし、欲望は対象の欲望である以前に、その対象に向かう他者の欲望への欲望である。そして、欲望はまさにその媒体を隠そうとし、まるで「自律した欲望」であることを装おうとするのだ。

分身たちの共同体

欲望がその媒体を隠蔽し、憑かれたかのように物に向かう。あるいは、自己のエネルギーの消費に向かう。物品の購買・収集・所有への欲望と、享楽への欲望。そのように物の誘惑、主体の欲求を偽装させる心的機制とは、いったいどのようなものなのだろうか。

ショーウィンドーの向こうにある商品のきらめき、カタログ雑誌に掲載されている商品広告のかがやき、それらが誘惑的なのは、おそらく、それがもつ特定の使用価値によってではなく、そのシンボル的な価値によってである。いいかえると、そこではイメージが消費されるのである。

さて、そのイメージが供給するのは、わたしたちがこの社会のなかでひとりの個人〈〈わたし〉〉としてじぶんを表象するときの、その形式である。あるいは、〈わたし〉たちのひとりひとりが、他人とは異なる固有のものとしてじぶんを提示し、ディスプレイするときの、その方式であり、モデルである。ショーウィンドーは「その前にたたずむ彼女（あるいは彼）の理想化されたイメージを、彼女が買い、なることもできそうなモデルという形で〈反射〉してくるガラス、である。このガラスを通して、彼女は彼女が欲しているものを見、彼女がなりたいと願うものを見る」わけである。

「ちょっと見るだけ」——「店頭で物を買う直前の躊躇を表わすこのお定まりの弁解」を、レイチェル・ボウルビーは、「商品たる事物を前にしての凝視の宙吊りの瞬間をも、商品が、それを見る人間がそれを身に帯びた時どんなふうに見えるものかというところをさぐりながらじっと眺め入る、リフレクション（反射／思考）のための時間をも表現する」ものであるというふうに、時間的にもとらえる。[19] そしてこの空想されたセルフ・イメージと現実の自己解釈との落差が、ガラスの前にたたずむ彼（または彼女）に、まだ十分にじぶんを開発していないもの、「本来の」姿にいたるにはまだ何かが欠けている存在として意識させる。こうしてひとは、満ちたりるということを知らない欲望の主体、抑えがたい欲望に翻弄される「消費者」になるわけだ。広告における映像メディアがこのプロセスを加速したことはいうまでもない。

　商品は、ひとりひとりの〈わたし〉の属性として所有されるべき可視的な「財」なのであって、こうして人びとはたがいに模倣しあいながら欲望を同型的にかたちづくり、それぞれの存在がたがいに反射しあう鏡のような関係に入り込む。先にみたジラールは、それを「欲望の三角形」とよんだのであった。人びとは、他者のまぶしそうな視線、つまり賞賛や尊敬や評価や羨望のまなざしを捕らえようとして、自己が何者であるかをディスプレイする。しかしその方式が皮肉にも同じ規準に従っている。欲望が同一の物語によって編まれるからである。こうして、ショーウィンドーに提示された商品群が、物としては宙吊りにされ、むしろ欲望に一定の型を与えるイメージとして流通することになる。自己を反省する回路と、自他がたがいに鏡のように反射しあう回路が一致することで、そこに〈分身〉たちの共同体ができ上がるのだ。

誘惑の記号

このようにしてわたしたちの欲望がかたどられ、整流される。欲望の同型的な発生は、商品の大量生産構造に擬せられるだろう。欲望が模造され、欲望の主体が複製されるだけではない。さらに消費主体と消費対象とがたがいに映しあうリフレクシヴ（反射的＝反省的）な相互作用のなかで、消費するものと消費されるもの、所有するものと所有されるもの、能動的なものと受動的なもの、独自なものと匿名的なものとの境界が消滅してゆく。

ショーウィンドウのなかのモノと人びとの視線の間の象徴的な無言の交換は……、個人とモノの間のコミュニケーションというよりはむしろ個人同士の間に普遍化されるコミュニケーションであって、それは人びとが同じモノを見つめることによってではなく、同じモノのなかに同じ記号体系と価値の位階コードを読みとり認識することを通じて実現するのである。(20)

わたしたちはここで、物の生産からイメージの消費への転化の過程において、主体と物のあいだの関係にひそかに発生したある種の変容を見逃してはならないだろう。イメージを享受する消費には厳密には物としての対象は存在しない。物のほうへ導かれるようにみえる消費活動は、じつは「欲望の隠喩的な遠回しの表現」にほかならず、それは「差異表示記号を通じた価値の社会的コードの生産」という社会的な機能に対応しているものなのだ。そういう記号の体系のなかでひとは、まだそうとはなりえていないじぶんを夢みる。本来のじぶん、そうあるべきじぶんになろうと、じぶんを演出しはじめるのである。こうして欲望は、道徳的抑制や労働の倫理を出し抜いてしまう。労働の倫理がしだいに誘惑の戦略にとって代わられていく。

消費のもっとも美しい対象

こうしてひとは、「自己開発」と「自己発見」のまなざしを身体としてのじぶんに向けることになる。ボードリヤールのいう、身体の「再開発」へである。はじめショーウィンドーのなかの商品、カタログ雑誌のなかの商品に向けられていたうっとりとした欲望のまなざしが、反転してじぶんの身体に向けられる。身体そのものがこんどは消費の対象になる。

身体を、記号による解剖に付し、その全体をスペクタクル化するその流行の方式が、ファッションである。ファッションの世紀といわれる二〇世紀は、身体そのものが「ひとつの資産として管理・整備され、社会的地位を表示するさまざまな記号の形式のひとつとして操作される」ことで、それじたいが投資の対象となる、そのような世紀であった。じぶんの身体に熱中し、それを自己陶酔的に開発せよ！　もっと気もちよくなれるよう身体を内から開発せよ！　もっと美しくなれ！　こうした命令のもと、人びとは身体のデザインに、身体のシェイプ・アップに励む。理想的に開発された身体には「グッド・デザイン」の栄誉が与えられる。このように「美しくあることがこれほど絶対的な至上命令なのは、それが資本の一形態だからなのである[21]」。

身体のシェイプ・アップ、整形、快感開発という名の、身体の「再開発」事業。それは、エクササイズ中毒という現象とからみあう。「皮下脂肪が少なく、エクササイズによって鍛えられ、引き締められた身体」という、あのパーフェクト・ボディの幻想である。一九六〇年代後半に起こったジョギング・ブームから、最近のフィットネス・ブーム（ヘルス・クラブやトレーニング・ルーム、フィットネス・センター、エアロビクス・クラブにおける）まで、〈ボディ・デザイン〉や〈身体の製造〉〈メイキング・ボディ）は、脂肪除去や皺のばしといった美容外科手術や、さらにはボディにぴったりフィットする服と連係しながら、まさに存在の完璧な〈フィットネス〉を志向している。健康な身体と、シェイプ・アップされた身体と、貼りつくように身体を被うコスチュームという、三重の意味でのフィットネスである。それがいま、単体のボディの表面で夢みられているのだ。そのために人びとは、フィジカル・コントロール（身体管理）にこころを配り、フィジカル・エクササイズ（身体訓練）に汗を流し、ボディ・コンシャスな服を装着するのだ。もって生まれた身体がよほど気に入らないのであろうか、人びとはじぶんの身体の改造に高額の費用を投入している。

フィットネス・ブームから健康モラリズムへ

そしてここにも、あのインダストリアスな心性が、すきまをぬって侵入してくる。バリー・グラスナーの『ボディーズ』は、米国でのフィットネス・ブームをめぐってショッキングなデータを報告している。

一九八五年、フィットネス・ブームの最盛期。アメリカの歴史上類を見ないほど多くの人が運動に励み、低脂肪のダイエットに徹していた頃、『サイコロジー・トゥデイ』誌が人々は自分のからだについてどんなふうに感じているかという大規模な全国的調査を行った。同誌は、アメリカの人々がワークアウトを始めたり肉食を減らしたりする前の一九七二年にも同様の調査を行っている。

二度の調査結果を比べると、驚くべき事実が判明した。私たちは以前よりからだに対してずっと気を使うようになったにもかかわらず、自分のからだが嫌いになってきているのである。一九七〇年代初めと一九八〇年代半ばを比べると、研究対象となったすべての領域においてアメリカ人は、自分のからだに対しての満足度を下げてきている。自分の体重に不満を持っている人が増え、質問されたからだの各部位、顔、胸、腹部、腰回りのいずれについても気に入らないという人の数が増加していた。エクササイズ革命が起きたにもかかわらず、私たちは以前より強くなったとは感じていない。一九七二年に自分の筋肉のひきしまり具合に満足していない女性の数は三〇パーセントだったのに対し、一九八五年には四五パーセントにはね上がった。男性においては、二五パーセントから三二パーセントに増加した。[22]

同じ本のなかに、もう一つ、ショッキングな統計が報告されている。それは一九八六年のギャラップ社の調査で、「正しい方法を守っていれば健康でいられる」という考え方にアメリカ人の九三パーセントが同意しているというのである。「病気になったのは自己管理を怠ったせいだ」と考えられているわけだ。身体管理が一つの強力な道徳になっているわけで、健康を損なうのは「克己心や努力がたりない」からだという論理が強迫観念のように人びとの頭にとりついている。そういう「倫理的な純粋さ」がいまのアメリカでは宗教性すら帯びていると、グラスナーは指摘している。そしてそういう健康モラリズムが、一方で「美という名をいただいたマゾヒスティックな自己改革のすすめ」として人びとのナルシシズムをかきたてながら、他方で社会のなかできわめて隠微に、きわめて政治的に機能するさまを次のように描きだしている。

アメリカの歴史において、運動の有効性が極端に誇張されていた時期がいくつかあり、その際のよりどころはつねに「医学的裏づけ」であった。一八三〇年代の医者たちは運動を肺結核の治療や、座りっぱなしになりがちの裕福な女性たちの疾病予防策として奨励していた。一八五〇年代は、痛風、便秘から神経痛まで、あらゆる症状の「運動療法」が考案された時代だった。一八七〇年代のある医者は、マスターベーションという悪習慣にかかわるものとして、若い男性に運動を推奨した。そ

して一九世紀の末になると医者たちは、運動には細菌や微生物を殺す作用があるので感染症の予防になると言い出した。(23)

そして現代、その「医学的裏づけ」が健康モラリズムに変容して現象しているとして、次のように続ける。

アメリカ国民のうち、最も運動不足で、糖分と脂肪を最も多く摂取し、肥満者の率が一番高いのはどんな人々であろうか。それは、社会の下層民であり、少数民族グループである。……二〇世紀末の健康モラリストたちは、二〇世紀初頭に禁酒運動家たちが、酒飲みの移民や労働者たちを非難し汚名をきせたのと同じように、肥満者は運動不足の人たちに対する偏見や差別を助長しているのである。(24)

こうした事態の背景にあるのは、たしかに（体重や肝臓の数値の低下にすべてをかける）一種の数字フェティシズムといった面もあるだろうが、それ以上に身体コントロールというかたちでの自己管理・自己統制の願望ではないかとおもわれる。身体としてのじぶんをパーフェクトに支配したいという夢、「消費の美しい対象」としてのパーフェクト・ボディの幻想である。この膨れ上がった自律幻想の箍《たが》が外されてしまうと、栄養摂取の行為そのものが過食症や拒食症に越境し、シェイプ・アップ作業が限界ぎりぎりまでのマッチョ・マン製造にまで逸脱する。〈インダストリー〉という心性はこのように、ファッションという、ある意味では労働の対極にあるような現象のなかにも浸透してきて、身体改造という、自己消費の極点にまでおよんでいくのである。(25)

新しさの感情

ちなみに、このファッションという現象、それを時間的なものとしてみれば、それはものの「新しさ」という様態《モード》を演出するものである。より正確にいえば、それは、新しいものというより、新しさそのものの消費に、わたしたちを駆りたてる。物というよりは、物のもつイメージや触感の消費をうながす。だからわたしたちの社会では、たとえば服は、生地がすりきれたから着られなくなるのではなくて、イメージがすりきれたから着られなくなるのである。服だけではない。食べ物や建築や音楽にも、ときにはアートや思想の世界にも、モードは発生する。そしてモードは、未知の「新しさ」にあきたら、こんどは「レトロ」という逆ヴェクトルの「新しさ」を呼び込む、そんなしたたかさももっている。たえずモデル・チェンジしていないと停滞してしまうというこの「新しさ」と「変化」への偏執は、しかし、発展や進化のしるしなのではない。第一章でもみたように、かつてジンメルは、モードは、過去との切断をあざやかに映す、そのような分水嶺として現在という時間を構成することで、「新しさ」の感情をかきたてるのだといった。「新しさ」の感情がモードにとって本質的なのは、それがじぶんがいま変わりつつあるという感覚を与えてくれるからである。何かに向かって動いているという、あの（わたしたちが第一章で確認した）前のめりの動性をじぶんのなかに感じさせてくれるからである。まさにそういう、たえず変化していなければならないという強迫的な意識が、（逆説的にも）惰性的に反復されてきたのが、二〇世紀社会なのであった。すべてをモード化していく社会では、したがって、安定は停滞どころか、後退と受けとめられるしかない。こうして、人びとはたえず集団で、前へ前へと駆りたてられていくのである。(26)

第三章　深い遊び

1　仕事の貧しさ、遊びの貧しさ

〈労働〉と〈余暇〉の二分法

無為の時間を空虚だとか無意味だと感じさせるようなきまじめさ、そして余裕のなさ。労働以外の活動領域、つまりは余暇にまで、〈インダストリー〉の精神が浸透し、その結果として、まるで真空恐怖のような時間感覚と効率性の強迫観念を浸透させてくる、そのような《労働主義》の過剰展開に、それを論じる文章までこころなしか息せききって、余裕がなくなってきたようだ。この文章も、さまざまな不義理をし、勤務のあいまをぬって、ほとんど「残業」のかたちで書きついできたものだから、それも当然かもしれない。

ところでその「余裕」というのも、文脈によって意味あいは異なるだろうが、とりあえずは、もてるものをぎりぎりにまでふりしぼっておこなう活動にまさに欠けているものである。ゆったりと、おっとりと、ことをかまえるのができない状態であり、いまやっている以外の可能性というものが視野に入ってこない状態だといってもいい。「余裕」というのはしかし、仕事や労働とは正反対の状態なのだろうか。いいかえると、「産業社会」（インダストリアル・ソサエティ）における労働には、たしかにすべての時間を有効に用いるべしという要請が突きつけられるにしても、だからといって「働く」ことはほんとうにそのような状態でしかありえないのだろうか。それよりもむしろ、〈労働主義〉こそ「働く」ことの病理的な形態であるといえはしないか。いいかえると、〈労働〉と〈余暇〉はほんとうに二項的に対立するものなのか。このふたつの契機をさらに分極化すべきなのか、それとも両者をもっと融合させて考えるべきなのか。

職業としての仕事

「工業社会の文化が出現するに及んで、人は仕事というものを自分自身についてのイメージの中心に置くようになった[1]」と、デヴィッド・リースマンはいう。それにともなって、それ以外の活動は非労働、つまりは休息や気ばらし（魚釣りや園芸、団欒やスポーツ、ゲームやギャンブル）の時間となって、労働と余暇のあいだの「割れ目」が肥大化するというのである。仕事が生きがいとなりえた時代のはなしである。が、彼が脱工業化社会とよぶもの、つまりはわたしたちの現在の高度消費社会においては、生産労働というかたちでの仕事はかならずしも満足感を与えるものではない。

労働者の生活にとっては、仕事というものは、必ずしも積極的な意味をもってはいないのである。ただし仕事がなくなるということが、彼らにとっては積極的な没落感を伴うのだ。……労働者たちが求めているのは、何かの仕事をもつことによって、自分自身の存在意義を明らかにし、定期的に作業を続けることによって、生活が規則正しくなるということなのである。[2]

『何のための豊かさ』のなかで、リースマンはそのようにいう。仕事が、やるかやらないかの選択を許さない「職業」となることによって、それは労苦にはなっても生きがいにはならない。せいぜい生活の安定をもたらすだけのことであって、こうしてひとは生産労働以外の場所に生きがいの素をもとめはじめるというわけだ。

もちろん、今日の労働シーンにおいては、純粋に生産的な労働はむしろ少数である。それは非生産的な労働の現場だけでなく、工場そのものの内部でもいえることである。

工場の管理だの運搬だのの作業のほかに、労働者たちは工場設備の働き具合を調べたり、また複雑に関係しあったさまざまの機械相互間の適当な関係を調整したり、といったような問題についてのコミュニケイションをその作業の内容としている。つまり、仕事そのものはより抽象的に、またより複雑に、さらにより知的なものになってきているのだ。……現在でも生産に従事する多くの労働者は、その作業中、作業衣のようなものを着用しているが、そのつもりになれば、ワイシャツとネクタイを着用してでも出来るような仕事が多いのだ(3)。

こうして工場での仕事は、苛酷なそれからしだいに和らげられ、また機械に従属した断片的で反復的な労働からもそれが機械化されることで解放され、「労苦」は軽減されるようになる。しかし、そのことはそれを生きがいにできるということとは異なる。仕事のよろこびというものは、苦痛の減少というネガティヴな側面だけで得られるようなものではありえない。もっと積極的な何かがなくてはうそだ。

労働環境の変化

仕事のその後の変化を、もう少しみておこう。産業社会の成熟ののちにやってきた社会は、リースマンが一九六〇年代に予測していたよりもはるかにドラスティックな変化を、労働環境のなかにもたらした。まず、労働時間と労働空間の変化がある。フレックス・タイムが導入されたり、本社から離れた場所にいわゆるサテライト・オフィスを設置したり、在宅勤務を部分的に実施したり、育児休暇やリフレッシュ休暇をまとめてとったり、家族介護休職や教育休職をしたりというものである。また、企業体への労働者の帰属意識についても、会社が福祉面や娯楽面をもふくめて社員の生活を丸がかえするというありかたへ移行したのち、人びとはこんどは会社と個人とのよりゆるやかな関係をもとめはじめたし（「アフターファイヴ」はだれにも干渉されない個人の時間の充実を意味するようになった）、また、臨時雇用のではなくて常勤の短縮労働としての「パート」という就業形態が模索されたり、「フリーター」などという、組織から自由な労働形態も生まれだしている。労働環境だけではない。働かない時間帯、つまりは「自由時間」――このことばには、労働時間は「拘束時間」だという意識がはりついている――をすごすためのさまざまな都市施設や装置が考案され、改良されてきた。消費施設や劇場から美術館や公園、遊園地まである。もっとも、それと並行してすぐに労働時間が減少したわけではない。自由時間を増やすために減らされたのは、まずは労働時間ではなく睡眠時間であったことは、統計（たとえば『NHK国民生活時間調査・1990』など）がはっきり示すところである。

このようにたしかに「労苦」は、労働環境のなかでこれまでと比べものにならないくらい軽減されてきた。これには、いまのべたような労働条件の変化もあるが、同じように労働内容の変化もあるだろう。それは豊かな物があたえる快適さだけでなく、記号やイメージを消費する快適さをターゲットにしたビジネスの急速な伸びである。旅行、娯楽、スポーツ、テーマパーク、教育、健康、ギャンブル、投機、出版、ファッション、美術・音楽・映画を対象とした、いわゆるレジャー行動（＝自由時間消費）の巨大産業化である。それはいいかえれば、遊びや余暇が仕事の対象となるということであり、そのためにたとえば添乗員として顧客といっしょに旅行したり、じぶんもいっしょにゲームに参加したり、いっしょに娯楽シーンを楽しんだり、広報活動をしたり、作品の勉強をしたり……と、いったいどこまでが仕事で、どこまでが楽しみなのか、区別がつかないような職種がだんだん増えていく。が、これらもまた、利潤追求という目的がベースにあるかぎり、あるいはまた顧客に媚びることを日常的に強いられるかぎり、仕事としてはほんとうのよろこびをあたえるものではあるまい。仕事のよろこびといっても、仕事だとおもえばやれる、そのていどのおもしろさでしかないであろう。レジャーランドにしろスキーのゲレンデにしろ、余暇の時間もまた効率よく遊ぶこと（＝効率よく儲けること）がめざされ、そのための装置が額に汗して作られるわけだから、基本的には何も変わっていないのである。生産だけでなく、消費のシーンにまで効率性の論理が浸透しだしただけのことである。

現代の「有閑階級」

問題はやはり仕事の質であり、内容である。あるいは、内容ではなく、仕事のしかたである。労働時間の減少がかならずしも仕事のよろこびにつながるわけではない。それよりも、わたしたちの仕事から、かつて仕事のよろこびといわれたものがどんどん脱落してきた事実にこそ着目する必要がある。仕事が貧しくなっている（それとともに遊びも貧しくなっている）、そういう事態を凝視する必要がある。

たとえば、仕事が一続きのものであって、その過程がばらばらに解体されていないこと。仕事がみずから進んでおこなうものであり、他人から強制されたり、管理されたりするものではないこと。仕事がやってもやらなくてもいいようなものではなく、生活の全重量をかけたいとなみであること。仕事が、もちつもたれつ、といった他人との結びつきのなかでいとなまれること……。仕事に本来ふくまれるあたりまえの契機が、あたりまえでなくなって久しい。そして、このあたりまえのことを部分的にしろ、じぶんの仕事のなかに体現できているひとにとっては、仕事は遊びと対立しない。

ふたたびリースマンのことばに耳を傾けると、「もっともやりがいのある仕事に身をゆだねている人びとには、レジャーがきわめて少なく、退屈な仕事に従事している人びとは、もてあますほどのレジャーに身をゆだねているという傾向」が見いだされるという[4]。が、後者のひとが「身をゆだねている」レジャーは、けっして愉しいものではないだろう。彼らはひょっとしたら、「暇つぶし」に労働現場に戻るかもしれない。じっさい、週休二日制が実施されだしたときには、多くの職場でこうしたせつない風景が見られた。逆に、かつて仕事が卑しい作業と考えられていたときには、上流階級とは有閑階級のことを意味したが、今日では逆に、暇のないひと、やりがいのある仕事をいっぱい抱え込んでいるひと、つまりは、仕事が遊びとなり、遊びが仕事となっている「やり手」たち、エグゼクティヴたちが、かつての有閑階級の地位を占めているといえる。

浅い遊び

奇妙なことが起こっているのだ。仕事と遊びが、労働と余暇という関係へと二極化され、労苦とそれからの解放というふうに、両者が対立物として規定され、その差異が強調されることによって、皮肉にもそれぞれが空疎なものになってしまったのだ。それぞれがそれぞれのもっとも本質的な点を見失ってしまったのだ。

仕事が労苦になってしまったこと、効率性ということが強迫観念のようになってしまったことについて、わたしたちはこれまで二章をついやしてみてきたので、ここでは遊びのほうの空疎化についてみておこう。

まじめかふまじめか、仕事か遊びか、労働か余暇か、生産か消費かという、紋切り型の二者択一のなかで、遊びからしだいに〈まじめさ〉が欠落していった。「あれは遊びだったの」という表現にみられるように、遊びは「ふざけ」「ふまじめ」「無責任」の代名詞のようになってしまった。非強制的という、労働の反対価値だけでなく、非生産的、虚構的、つまりは現実的ではないという意味まで背負わされることになった。遊びはしかし、気を抜いたものなのか。

「手応え」ということばがある。これは仕事にだけでなく、遊びにもあるはずだ。手応えのない、やってもやらなくてもいいような遊びは、やっていて退屈する。遊びも真剣さを求めているのである。同じようにみていくと、仕事はきまじめなだけでは苦痛でしかない。そこには、遊びの要素が、たわむれつつやるという面がある。駆け引きがあり、もたれあいがあり、集中と散漫が交替し、同じ作業が気分によって重くも軽くもなる。

山崎正和は、遊びが余暇というカテゴリーに入れられることで、行為としていかに貧困化されたかについて、次のようにのべている。

余暇という大きな枠組みがつくられたことによって、休息や気晴らしから自己啓発まで、昼寝や飲食からスポーツや藝術までが、一つの同じ種類の活動として一括されたことです。いいかえれば、消極的な活動も積極的な活動も、楽な行為もつらい仕事も、無為も冒険も、たんに何事かの程度の差にすぎないものとして定義されたということです。そうなった理由は明らかであって、ここでは余暇という概念が無反省に生産や労働と対比され、性急にそれとの対立においてのみ捉えられているからです。いったい自己啓発の活動のかなりの部分が、俗に生産や労働と呼ばれるものと構造的にどれだけ異なっているのか、考えてみれば重要なこうした問題は、この単純な二分法の結果として忘れられているといえるでしょう。そのうえ、これと関連して具体的に問題になるのは、この余暇という概念によって、いわば気軽なアマチュアリズムが奨励され、それぞれの活動が本来求める、内的な規律や規則が軽視されがちになるということでしょう。(5)

こうして、「スポーツは健康を害さない程度のほどのよい楽しみに変質し、学問や藝術の活動もまた、人生の適当な時間におさまる程度の安楽な活動に薄められる」ようになったと、山崎は指摘する。クリフォード・ギアーツのいう「深い遊び」――たとえばバリ島の闘鶏では、賭け手の地位やアイデンティティが賭けられる――をもじっていえば、辛苦も賭金もない「浅い遊び」(shallow play) を、ひいては「浅い」仕事を憂えるのである。

ホモ・ファーベル（工作人）かホモ・ルーデンス（遊戯人）かという二者択一は、現代のわたしたちの行動を考えるときに、おそらくもはや有効な枠組みではありえない。それをどう超えていったらいいのか。それを考える前に、ここで、仕事や労働につねに対置される逆の項、つまりは「遊び」について、いま少し突っ込んでみておく必要がありそうだ。

2　ディープ・プレイ

深い遊び

ディープ・プレイ、「深い遊び」という言葉がある。これはアメリカの人類学者、クリフォード・ギアーツがバリ島のコック・ファイト（闘鶏）を分析した論文[6]のタイトルであるが、この概念は、もとはといえば英国の思想家、ジェレミー・ベンサムが著作『道徳および立法の諸原理序説』（一七八九年）のなかで、「功利主義者としてみた場合、賭金があまりに高くてそれにかかわるのは非合理であるような遊び」をさすために用いたものである。日本語には「火遊び」という言葉があるから、それからの類推で考えればわかりやすい。

けづめによる激しい攻撃で鶏たちが血を流し、鶏との同一化によって観客をも強烈な興奮状態に引きずり込んでいくこの闘鶏は、かつてはバリ島における重要な社会的行事のひとつだったが、二〇世紀に入って「道徳的な」理由から禁止されるようになった。とはいえ実際はいまも、かつてほど公然とではないにしても、しっかり継承されており、人びとは「法を犯してまで」このディープな遊びに熱中するのだという。

この試合にはひとつ、興味深い特徴がある。高額の「深い」試合では、物質的な利益よりもっと重大なもの、つまり、尊敬や名誉、威厳、敬意など、人びとの地位が賭けられるのである。もっとも地位の賭けはあくまで象徴的なものであって、勝負の結果、現実の地位が取引されるわけではない。尊敬されたり侮辱されたりするのは、その場でだけのことである。ではなぜ、こうした地位を象徴的に剝奪しあうゲームが、人びとを「深く」巻き込んでしまうのか。

バリ人は一般にあからさまな衝突を嫌う、とギアーツはいう。「遠まわしで、注意深く、抑制した、回り道とおとぼけの達人である彼らは、避けることのできるものにぶつかっていったり、逃れることのできるものに抵抗することは、まずしない」[7]。バリ人は感情をむきだしにせず、むしろそれを「礼儀のベールの中に、婉曲法と儀式の厚い雲の中に、身振りやほのめかしの中に」包み込もうとする。彼らは〈洗練〉ということをとりわけたいせつにするわけだ。「威信」というものが彼らの存在に対してもつ大きな意味もそこにある。「バリ人にとって遠回しに与える侮辱ほど愉快なことはなく、遠回しに受ける侮辱ほど苦痛なものはない」。そしてその「面目」を傷つけあうゲームがまさに闘鶏なのだ。参加者はそこにそれぞれのアイデンティティの源泉を、つまりはみずからの存在の根拠を賭けるのであって、勝負はその意味でとても

「ディープ」なのである。

ここでくりかえし強調しておきたいのは、地位関係の転倒があくまで想像的な次元でしか起こらないということである。ディープ・プレイは「深い演劇」でもあるのだ。人びとはここで、地位の急転にともなう感情の複雑で激しい動揺を経験する。その意味で闘鶏はバリ人にとって「一種の感情教育」のための社会的装置となっている。「闘鶏の機能は、もしそう呼びたいのなら、解釈である。闘鶏はバリの経験をバリ風に読みこんだものであり、彼ら自身による彼ら自身の物語である[8]」——これがギアーツの結論である。

フロー活動

生存の根拠とその物語性、さらにはその演劇性について、ここで話をひきついでいきたいところだが、それについては次章でとりあつかうとして、「地位を賭ける遊び」としての闘鶏のありかたを考えてみれば、これはとてもきわどいものだといわざるをえない。他者の意識をサブリミナルなレヴェルでコントロールするための操作（たとえばホラー映画のテクニックや催眠術[9]）のように、意識を別の方向へと逸らせるのではなく、むしろ現実を支えている見えない構造を、シミュレーションのかたちでではあれ「社会生活の標本」として可視化し、直視させるわけだから。しかしそのことによって人びとは、社会が内蔵するそうした「解釈」のうちにじぶんたちをより深く挿入していく。

わたしたちの《存在》がギアーツのいうように「解釈」をふくんではじめて成り立つのだとしたら、《存在》とはよりディープな夢のことだということもできるかもしれない。そしてよりディープな夢を見るために、わたしたちはその日常生活のなかにさまざまのテクニックやセレモニーを設置するのだ、と。

本を読み、その本が彼の注意のすべてを吸収しない時、身体の一部は何かを——髪の毛のもつれを引っぱったり、鉛筆を噛んだり、椅子をゆすったり——したがる。退屈した時もまた——幻想、人々を見ること、意味もなくいたずら書きすること等によって——何らかの秩序を経験に与える必要がある。無秩序によって心が圧倒されないようにするためには、首尾一貫し、パターン化された経験の型が必要なようである。[10]

ひしめく情報の洪水のなかで、感覚刺激の不協和音のなかに溺れることなく、みずからの経験を首尾よく整流し、構造化するために、わたしたちがその補助手段として日常行なっているささやかな身体行為の類型、それをチクセントミハイは「マイクロフロー活動」と呼んでいる。そしてその一例として、彼はまたひとりのロック・クライマーの証言も引きあいに出している。――「登り始めると、記憶は断ち切られたようになるのです。覚えていることといえば、最後の三〇秒だけ、先のことについて考えられるのは、次の五分間のことだけです……。ものすごい注意の集中のため、日常の世界のことは忘れてしまいます」[11]。つまり、彼のいうフロー活動とは、存在の別の可能性への想像を停止させてしまう操作のことである。何かに集中するとは、別の何かを深く忘却することなのだ。

　同じような意識の状態を、『遊びと人間』のロジェ・カイヨワはイリンクス（＝眩暈）と呼んで、次のように規定している[12]。つまりそれは、「身体をさまざまに翻弄《ほんろう》する」ことによって、「一時的に知覚の安定を破壊し、明晰《めいせき》であるはずの意識をいわば官能的なパニック状態におとしいれようとする」、一種の催眠術的な効果だというのである。「空中ぶらんこ、空間へ身を投げ出すこと、あるいは墜落、急速な回転、滑走、スピード、直線運動の加速、あるいはこれと旋回運動との組合わせ……」、こんなものでもわたしたちの存在感情はかんたんに動揺してしまうというわけだ。いつも身体で補強しておかないとすぐにぐらついてしまう「人生」という演技……。人生とは、きっと最後まで、存在の芯にずしんとくるほどディープなゲームなのだ。

その「深さ」とはしかし、いったいどのようなものなのだろうか。ここで遊びというもののもっと原型的な形態に帰ってみよう。原型的といういいかたがたいそうだとしたら、子どものころの遊びに、といいかえてもよい。

出現と消失、緊張と弛緩の揺れ

ぼんさんが屁をこいた……

においだらくさかった……

子どものときによくやった変則かくれんぼのオニの文句である。オニが壁に顔をつけ、「いち、にい、さん、しい、ごお、ろく……」と数えるかわりに、大声で「ぼ、ん、さ、ん、が、へ、を、こ、い、た」と言う。一〇メートルほど後ろで横一列に並んだ子どもたちが、そのあいだにささっと動く。壁にタッチに行く子がいる。逆に早くも、壁の反対方向に逃げる子もいる。「ぼんさんが屁をこいた」と言い終えると、オニはすばやく振り返る。そのとき、動いたりふらついている姿を見つけられた子はアウト、オニのいる壁に繋がれる。オニはふたたび壁に向いて「ぼんさんが屁をこいた」と声を上げる。「においだらくさかった」と、さらに相手をつるように言葉を連ねるときもある。つられた子どもたちが、また数歩、するすると壁に接近する。オニが壁に向かっているあいだに、子どもたちのだれかが壁にタッチすると、他の子どもたちは一斉に駆け足で散らばる。壁に拘留されていた子も逃げる。オニはすかさず「止まれ」と叫ぶ。子どもたちはその場で停止しなければならない。次にオニが大股で一〇歩、子どもたちのほうへ進む。最初にオニに触わられた者がこんどはオニになる。

ちゃんばら、かくれんぼ、下駄隠し、めんこ、おじゃみ、ビー玉、かごめかごめ、けんけん、竹ひご、とんぼ取り、落とし穴、すもう、プロレス、探検ごっこ……。いまの子どもたちの遊びとはずいぶん趣きが違うが、なかでもわたしが子どものころの遊びでいつもまっ先におもいだすのは、さっきの「ぼんさんが屁をこいた」だ。わたしはこの遊びのなかに、遊びという心地のよい活動の原初的な要素がもっともシンプルなかたちで現われていたような感じがする。

たとえば、だれかが突然現われたり、消えたりする感覚。「ある」と「ない」、現前と不在とがくるくる入れ代わる、めまいのような感覚といってもいい。じぶんが見えなくなる、じぶんが隠されてしまう。じぶんが消える、壊れる、崩れる。じぶんがなくなる、じぶんが別の存在になる……。それは、ちょっとどきどきするような〈死〉のシミュレーション・ゲームであり、背筋をぞくっとさせるような怖い体験だ。

この遊びのもうひとつのポイントは、身体感覚の激しい振幅である。オニが壁を向く。次の瞬間、とっさの対応ができるように、からだを漂わせながら、移動する。オニがこちらを振り返った瞬間、金縛りにあったようにからだを停止させ、硬直させる。からだが突然こわばったかとおもえば、次の瞬間とたんにゆるむという、そういう激しい振幅の感覚である。いいかえると、緊張と弛緩のすばやい交替。

わたしがこの「ぼんさんが屁をこいた」に感じるのは、出現／消失と緊張／弛緩、つまりそういう存在の開閉という運動がこの遊びの快感をかたちづくっているということだ。もちろんこれを、競争、偶然、模擬、眩暈といったロジェ・カイヨワによる遊びの分類に関連づけて論じることもできるだろうが、わたしたちがここで考えてみたいのは、遊びと身体との関係である。あるいは、もう少し突っ込んでいえば、身体の存在そのものが遊びではないのか、ということなのである。

〈遊び〉という間《ま》

よく指摘されるように、遊戯としての遊び（Spiel）は同時に、遊隙、つまりゆるんだ空間の遊び（Spiel）でもある。日本語でもそうだが、ドイツ語でもこの遊隙は「遊びの空間」（Spielraum）と呼ばれる。隙間、ずれ、わずかな隔たり、余地、そういう間合いが「シュピール・ラウム」といわれるのだ。(13) この「遊びの空間」がなければ、たとえば歯車はたがいにぎしぎしと擦れ、きしみあってスムーズに動かない。しかし遊びはあくまで適度のものでなければならないのであって、遊びが大きすぎてもやはり歯車は回転しない。間《ま》は開きすぎても閉じすぎてもだめなのだ。

嚙みあうふたつの歯車のあいだに遊びがあるというのは、二項の運動がつねにわずかにずれてしまって、過不足なく一致することがないということだ。それは、ずれとか、隙間ということがとてもポジティヴな意味をもっている関係である。二項のあいだのこの不整合な関係、あるいはゆるんだ間《ま》というものが、そこに生成する構造をつねに可変的なものにしておく。このような間《ま》はしかし、経験のもっとも基礎的なメディアである身体とそれを生きるわたしたち自身との関係のなかに、つまりはわたしたちの存在のもっとも基底的な部分にすでに見いだされるものだ。そういう遊びの存在こそが、身体をはじめてだれかの身体として可能にしているらしいのだ。

からだの〈遊び〉

先に、遊戯に欠かせない契機として、現前と不在のたえざる交替（つまり、〈死〉のシミュレーション）と、緊張と弛緩という身体感覚の振幅とを挙げたが、じつは、これは身体というものののもっともベーシックな存在様態でもある。それは、曖昧な領域としての身体といってもいいし、緩衝地帯としての身体といってもいい。

身体は、たとえば試合とか演奏会のとき、あるいは物を制作するときなど、集中して作業をしなければならないときに、いわば「わたしの奴隷」になってくれる。このとき「わたしは身体である」という表現が適切な状態にある。わたしの存在と身体の存在とがぴったり一致してしまうのだ。しかし、そのとき身体は、一個の観念に憑かれて硬直し、痙攣しているともいえる。そういう痙攣状態は長続きしない。いや、長く続くと危ない。ところが他方で身体は、わたしたちの存在からそういうこわばりを解いて、〈わたし〉という人称的な意識をほとんど消失させたまま、そのなかでたゆたうことのできるゆりかごともなりうる。あるいは、そのなかへと身をくらますことのできる隠れ家ともなりうる。そのとき身体はわたしたちにとって、いわば深い海である。

これが緩衝地帯としての身体だ。それは、緊張しすぎてもいないし弛緩しすぎてもいない。かぎりなくこころに近いけれどもこころではなく、かぎりなく物質に近いけれども物質でもない。かぎりなく従順であるが、おもいのままに制御できないこともしばしばある。が、そういうゆるみが、わたしたちと身体との関係を滑りよくしているといえる。

逆に、危ないのは、ぎりぎりの緊張状態にある身体か、弛緩してしまって深みをなくしている身体、つまり緊張と弛緩の一方に偏極した身体だ。たとえば、ダイエット症候群とか清潔症候群、あるいは不潔恐怖症や口腔神経症では、身体は一種の憑依現象の状態にある。ダイエットであればスリムな身体、不潔恐怖症なら匂いをさせたらいけないという強迫観念で、からだががちがちに硬直してしまっているような状態である。まるで狐憑きにあったようになって、からだが単一の意味でピーンと張りつめ痙攣しているような状態、これがいちばん危ない。逆に、緊張がぷつんと切れて弛緩しきっている身体というのも、やはり危ない(14)。

わたしたちの自己意識と隙間なく一致した身体、カプセルのように密封された身体、特定の観念で金縛り状態になったいわば自家中毒の身体に対して、自己意識が希薄で、その細部にまで浸透していないような身体、緊張と弛緩、人称と物質のあわいを揺れ動く身体、わたしたちの存在の縁や欄外にあって、じぶんのコントロールが及ばないような身体。そういう意味でのゆるみのある身体こそ、わたしたちの生存を痙攣や磨滅から遠ざけているものではないだろうか。つまり、〈遊び〉を内蔵した身体。もちろんここでも、ゆるみすぎた身体が、物質にかぎりなく近い「死」の状態に移行するのはいうまでもない。

　この〈遊び〉としての身体が、いつか、〈わたし〉による身体の専制支配という幻想（あるいは、この身体への〈わたし〉の存在の幽閉プロセス）を解除して、いつも自他の境にばかり目をやっているわたしたちを、「私が生れたよりももっと遠いところへ、そこではまだ可能が可能のままであったところ」[15]にまで連れだしてくれるはずだ。そのときにはじめてわたしたちは、ただぶらぶら手をつないで歩くという、わたしたちがプライヴェートな「個人」として指の先まで〈わたし〉を充満させるようになったがゆえに不可能になってしまった、あの、ひとのあいだの〈遊び〉を、じぶんたちの身体に呼び戻すことができるようになるだろう。[16]

〈遊び〉を失った仕事

〈遊び〉は、歯車のそれがそうであるように、構造体の隙間であり、それを内蔵してこそ構造体が作動しはじめるのであるから、その作動は〈遊び〉がいかに設置されているかにかかっているといってよい。人間の活動についていえば、〈遊び〉にこそ、アイデンティティを揺さぶるような、あるいはアイデンティティの根拠を賭けるような真剣さがある。ときに、厳粛さすらある。こわばりつつあるじぶんの存在、それをほどく力こそ、〈遊び〉というものではないだろうか。

からだの〈遊び〉についてこれまでみてきたこと、これはおそらくそのまま、仕事についてもいえるのではないか。〈遊び〉という間《ま》を欠いた仕事（work）が、労働(labor)、つまり「労苦」としての近代的労働なのではないか。先ほども確認したように、「手応え」とか「真剣さ」は、仕事にだけでなく、遊びにも同じように要求される。それを欠いた遊びは退屈である。だから、仕事と遊びは、内容的に区別されるものではなく、時間的にたがいに分離されるべきものでもない。同じことをやっていても、労働にもなれば愉しみにもなる。遊びはかならずしも快楽主義的であるわけではないし、スポーツや勝負事のように、あるいは研究やゲーム制作のように、集中した作業と愉しみとがほとんど区別のつかない仕事＝遊びも数多くある。つまり、出現と消失、緊張と弛緩といった、存在の開閉という運動が遊びの快感をかたちづくっている以上、仕事とはまさにそういう快感を内蔵していなければ、よろこびとはなりえないものである。いいかえると、何らかの意味で存在を揺さぶる可能性のない仕事など、およそ生きがいとはなりえないということである。そこから、仕事か遊びか、労働か余暇かなどといった二者択一が問題なのではなくて、同じ行為がどういうきっかけで愉しみになり、どういうきっかけで労苦になるのか、その転回軸を見定める必要がでてくる。

3　テレオロジーから離れる

ときめきのない労働

〈遊び〉は、厳密な意味ではリクリエーションではない。つまり、労働のための手段ではない。それは仕事がつねに内蔵しているはずのものである。そこで、フーリエのことばとしてクロポトキンが紹介している文章を次に引いてみたい。

> 二つの主要原則が、ラ・ファランジュで遵守されなければならない、とフーリエは主張した。第一に、それは不愉快な労働があってはならないことである。いっさいの労働は、いつも人々を惹きつけるように組織され、配分され、多種多様なもの

とならねばならない。第二に、自由な結合に基づいてうち立てられた社会には、いかなる強制も容認されてはならないし、また強制が必要となる理由もない、ということである[17]。

だれもが、愉しくて魅力があって、すすんでやりたくなるような仕事に従事しているような社会、それはユートピアだろうか。いかなる強制も容認されないし、その必要もない社会、それは、労働だけでなく余暇をも効率性の論理で包囲していくような、わたしたちが《労働社会》とよんだ社会の反対物である。《労働社会》では、仕事とともに遊びまでが、あらかじめその行路を描きだされ、より効率のよいものとなるべく、いわばシステム的に社会に包み込まれていくのであった。そういう過程で、ひとは何がとは特定できないにしても、何かに操作されているという感情から解き放たれないのであった。

労働がくそまじめなものとなり、余暇が快感一色のものとなる、あるいはそうあるべく望まれる、そういうかたちでわたしたちの仕事と遊びが両極化されるとき、仕事はすみずみまで組織化されたがちがちの過程となって〈遊び〉がなくなり、他方、遊びのほうは個人のプライヴェートな時間に収束させられて、他人との共同作業がまるで義務のように重荷に感じられるようになってしまう。仕事にも遊びにも、何かときめきといったものがなくなる。

それにしても、仕事に〈遊び〉がなくなるのはどうしてなのだろうか。偶然がそこに入る余地がなくなるのはどうしてだろうか。

目的の連鎖としての労働過程

時間の空白をたえず埋めておかないと落ちつかない、そういう息せききった余裕のない生活態度のことを、前章では時間感覚という視点から、「前のめり」の姿勢として規定した。それは、目的を未来に設定し、その未来のほうから現在を逆規定する、いいかえると未来の目的の実現のためにいま何をなすべきかというふうに、現在の行為を手段として規定する、そういう態度のことである。それは、わたしたちの行為をリニアな時間図式のなかで、来たるべき未来の目標の実現の過程として意識させるものである。いいかえるとそれは、仕事が、何かをめざしておこなうテレオロジカル（目的論的）な過程としてとらえられているということである。そこでは目的が手段である労働過程を細部まで規定するのである。

仕事が何かをめざしておこなわれるということには、とくに異論はない。むしろ、何もめざさない仕事のほうが、想像するのがむずかしい。が、何かをめざしてということと、そのための行動がすべて特定の目的－手段の連関のなかに閉じ込められているということとは異なる。後者においては、すべての行動が一定の目的連鎖のなかに組み込まれ、つまりはそれ自身とは別の行動の手段となっている。つまり、それ自体のうちに意味を、あるいは意味の源泉をもつ行動にはなっていないということである。

たとえば受験勉強という行動について考えてみよう。なぜ受験勉強なんてしなければならないんだろうと、一度もつぶやいてみたことのない中高生などおそらくいまい。朝起きて学校に行き、少しの休み時間をはさんで何時間も授業を受け、放課後は電車に乗って別の町の塾に通う。中高生のこういう生活はちっともめずらしいものではない。いや小学生の生活としても、とくにめずらしくはないだろう。では、何のために受験勉強などしなければならないんだろうという問いにたいして、おとなたちはどう答えるか。考えられるもっともありふれた答えは、いい大学に入るため、であろう。では、どうしていい大学に入る必要があるのか。たぶん、いい就職口に恵まれるためである。なぜ条件のいい職場か。豊かな生活ができるように、である。なぜ豊かな生活をもとめるのか。たぶん、幸福になるためである。ではなぜ、幸福をもとめるのか……。ここで問いははたと停止する。ひとは幸福になりたいからという、同語反復の答えしかおそらく見いだせない。あるいは、人間とは幸福を欲するものだという事実を、それ以上さかのぼれない前提として認めるしかなくなる。

もちろんこれはとても抽象的な議論で、ほんとうはそんなすみずみまで一義的に決定された行動過程など、例外的にしか存在しないだろう。戦場にも日常があるよう[18]に、「受験戦争」にも日常はあるし、遊びもある。成績コンクールじたいがゲーム感覚で取り組まれている面があるだろうし、勉強は「ながら族」でやっている子も多いだろうし、塾の行き帰りが親や教師の監視の眼からの逃避の時間になっているかもしれないし、塾そのものが子どもたちの貴重な社交やデートの場となっているのかもしれない。現実というのは、たぶんそういうものである。

有用性と有意味性

『人間の条件』のなかで独自の労働論を展開しているハンナ・アレントが、功利主義批判の一つの論点として提示した議論を参照しつついうならば、ここでわたしたちは、有用性（utility）と有意味性（meaningfulness）との区別を導入することができるだろう。これはいいかえると、「ある目的のために」（in order to）と「それ自体意味のある理由のために」(for the sake of) というかたちでの区別である。[19]

労働過程が厳密に目的と手段との連鎖として設定されているところでは、「すべての目的は、短期間のものであって、必ずその先のある目的のための手段になってしまう」。目的はいったん実現されれば目的であることをやめ、次の目的の手段になる。このように、ある行動は「ある目的のために」あるという、有用性の連関として行動過程をとらえるとすると、その連関は際限なくさかのぼれることになり、結局のところ、「手段と目的の、つまり有用性そのもののカテゴリーを正当化しうるある原理にけっして到達しない」ということになる。「手段と目的のカテゴリーの内部では、そして使用対象物と有用性の世界全体を支配する手段性の経験の中では、あれこれのものが〈目的自体〉であると宣言する以外、手段と目的の連鎖に終止符を打ち、すべての目的が結局はふたたび手段として利用されるのを防ぐ方法はない[20]」。かつてレッシングは当時の功利主義者たちに、「ところで効用の効用とは何か」と問いただしたが、そういう問いにたいしては、最後に出てくる目的を、究極の目的そのものとして同語反復的に規定するしかない。ちょうど、法的規範の根拠づけをするために、ケルゼンが、根本規範という、もはやそれじたいは根拠づけも正当化も不可能な、根本前提としての形式的な自己目的を立てざるをえなかったように。[21]

これにたいして、アレントが、労働者の社会でも商業社会でもなく職人たちの社会にことよせてのべているところにしたがえば、仕事の問題は意味の問題として提起されねばならない。「〔目的とちがって〕意味というのは、それが達成されようと達成されまいと、あるいはむしろ人間に発見されようと発見されずに見逃されようと、永続的でなければならないし、その性格をなに一つ失ってもならない」[22]。この議論を借りるならば、テレオロジカルな視点というのは目的が労働過程の全体をもっぱら一義的に規定することで、行動としての労働過程はつねに手段とみなされ、それ自体としては「意味をもたない」ということになる。労働の空疎化とはまさにこのことをいうのだろう。

こわばりや隙間のなさが労働につきものであるのは、そのプロセスが閉じているから、つまりどこにも偶然性がはたらく余地がなく、人間の労働が一義的に規定された機械的プロセスにならざるをえないからである。それはまさに手段としての労働であり、他の目的のためになされるものとなり、その意味が自己完結していないがために、それ自体に意味のあることでも、わたしたちに充実感をもたらすものでもありえないのだ。

では、達成されようとされまいと、発見されようとされまいと、関係なく存立しうるような意味というもの、それがわたしたちの労働のなかに現前しているような労働とはどういうものでありうるか。それを構想することが、いまわたしたちの労働論には求められているのではないだろうか。

労働の目的至上主義

こうした労働の空疎化の過程を裏側から補完するのが、先にふれた遊びの余暇化である。その点を指摘していた山崎正和は、同じ論文のなかでさらに次のようにいっている。

二十世紀後半の余暇の思想は、なんであれ行動のディシプリン的な性格を軽視し、そのことによって皮肉にも、かえって目的至上の思想を助けているといえそうです。スポーツも藝術も、本来はしばしば労働以上に厳格な規律を持ち、ときには命も奪う苛酷さを備えた営みであって、まさにそれゆえにこそ労働と拮抗できる行動だったのです。余暇のアマチュアリズムはその危険を除き、修練の苦痛をも緩和し、すべてをほどほどに楽しませようという思想ですが、考えれば「ほどほど」とはより高次の目的に適合し、それを妨げないことにほかなりません。体を壊さない程度にスポーツを楽しみ、神経を傷めない程度にほどほどに藝術を嗜むのはなんのためか。それはたぶん明日の労働という目的のためであり、曖昧きわまるあの人生全体の目的のためなのでしょうが、つねにそれを顧慮するのが目的至上主義の変形にすぎないことは、いうまでもないでしょう。[23]

ここでは、一見アマチュアリズムという、人間の余暇時間を充実させるための思想とみえるものが、じつは労働過程の目的至上主義を補完するようはたらいていることが、鋭く指摘されている。余暇は労働のための休息ではないし、労働のための手段でもないこと、わたしたちもまたこの論点を手放すわけにはいかないのである。

ヨハン・ホイジンガが『ホモ・ルーデンス』（一九三八年）のなかで問うたように、労働が文明という価値の基礎をなすのか遊びがそうなのかは、おそらく重要な問題ではない。遊びは人間を虚構の世界にあそばせるものであり、その点でひとを自然必然性の外へと連れだしてくれるものであるが、しかし労働もまた自然を加工し変換することとして、まさにひとを自然必然性の外へ連れだすものであるはずだからである。

同じように、よろこびが私的なものからしか得られないという偏見からも逃れないといけない。公的な場所での活動は仕事で、私的な場所（＝オフ）にこそ快適さや愉しみはあるという偏見から自由になる必要がある。

最後に、精神的な活動こそ人間の価値をしるしづけるもので、肉体労働はできるものなら避けたいという考えかたも、深い再検討を要するものである。これらの固定観念を揺さぶるもの、それらに抵抗するものが、もっともシリアスなしかたでみえてくるのが、一方でむかしから延々とくりかえされてきた〈家事〉であり、他方で昨今、現象としてにわかに注目を浴びはじめた〈ヴォランティア〉である。次章では、このふたつの「仕事」について考えることから、従来の〈労働〉vs〈余暇〉の二分法を超える途をたずねることとしよう。

第四章　〈労働〉vs〈余暇〉のかなたへ

1　〈家事〉という仕事

シャドウ・ワーク

労働／余暇という枠組みとともに、公的／私的、精神的／身体的、日常／非日常といった枠組みによって、二項対立的にかたどられてきた〈仕事〉と〈遊び〉という活動のその諸契機が、それによってもっともぎくしゃくと入りくんでくる場面、だがそれにもかかわらず仕事／遊びという問題設定からややもすれば漏れ落ちてしまいやすいのが、〈家事〉という場面である。

家事というのは、家族の特定メンバー（ほとんどの場合が主婦）がおこなうかぎり、通常は支払われない労働である。やってもやらなくてもいい労働だからではもちろんない。それは、だれかがしなければ家族のメンバーひとりひとりの生活がなりたたないような仕事であるにもかかわらず、支払われない。これが家事労働の現在的形態である。だからいまもって、（藤村正之も指摘するように[1]）「仕事と遊び」という問題設定自体が家庭外労働の担当者（おもに男性）にあてはまりやすいものなのだ。私的生活に属するものとしての家事は、家庭外労働のもつ公共性に欠けるというわけだろうか。ちなみに「私的」（private）というのは、西欧では、公共性や社会性が「欠けている」（privative）、あるいは「奪われている」（deprived）という意味でそういわれるのである[2]。そして、公共的で社会的な交換財を生みださないという意味で、家事はふつう私的労働に属する、つまりは支払われない労働とされる。

財を生産しないという点だけをみれば、現代社会の労働形態の多くもそうであり、つまりは、事務作業やサービス業務、医療行為や教育・福祉関連の仕事もそうではある。が、それらは社会的には重要な意味をもっているというわけで、家事とはちがい、社会生活に欠くことのできない公的な意味をもつとされ、そのかぎりで当然支払われるべきものとされるのである。これにたいして、炊事や掃除、洗濯、育児や老人の世話などは、家族のメンバーを対象とし、家庭内でしか意味をもたない労働であるから、私的労働とされる。近代の産業社会化の過程で、男性の労働が農業経営から小規模な商業活動へ、さらには賃労働へと形態を変え、ますます家庭外にその場所をもつようになることで、逆に女性たちは、農産品や職人的製品などを生産する労働から免除されて、家庭内の生活維持の仕事に集中させられていく。収入が夫の賃労働によって外部から獲得されるようになることで、家庭は生産の場からもっぱら消費の場へと変化してしまうのである。いいかえると、主婦の仕事がもっぱら、賃金を持ち帰ってくる夫の労働と生活とを陰から支える補助的な作業に縮減させられてしまう。これをイヴァン・イリイチは、賃労働の陰の仕事、つまりは《シャドウ・ワーク》とよんだのであった。

家事の外部化

女性の仕事がシャドウ・ワーク化していく歴史的な過程、あるいは女性の社会的地位の歴史的変化とシャドウ・ワークのありかたとの関連については、ここでくわしく資料的に検証する余裕はない。これについてはすでに多くの研究の蓄積があるので、そちらを参照していただくとして、ここで少し注意しておきたいのは、こうした家事労働が家庭の外部へとしだいに押し出され、企業化されていった過程である。

すでにのべたような炊事や洗濯、被服や掃除、育児や老人の世話、あるいは子どもの教育や家庭内の病人の看護、家族の出産と死亡、それに地域の相互扶助活動など、家事という名の市場外労働は、戦後社会において、そしてとくにこの四半世紀のあいだに、急速にサービス業として企業化されてきた。外食産業、クリーニング業、既製服産業、保育所や老人ホーム、学習塾や予備校、看護士派遣業やシルバー産業、ブライダル産業や葬儀会社、マンション管理会社などがそうであり、また魚屋や八百屋、乾物屋や文房具屋といった商店街の小売業も、次々とスーパーマーケットやコンヴィニエンス・ストアへと吸収されていった。

都市でひとり住まいするにしても、料理はファーストフードを買ってきたり、レトルト食品を電子レンジで加熱するだけですむし、洗濯はコインランドリーに行けばいいし、文具やかんたんな日用品は買い置きをしておかなくても、コンビニという、二四時間営業の「なんでもショップ」に行けば、いつでもだいたいは揃う。

ところで、コンビニで売られている商品は、ほとんどが家のなかの冷蔵庫や引き出しに入っているべきものである。生鮮食材やインスタント食品、ドリンク類といった食料品から、ハンカチやティッシュペーパー、鉛筆や香典袋など、どこの家庭にもある日用品のたぐいまで、日常の生活に必要なものはほとんど手に入る。単身者にとっては、コンビニはまさに机の引き出しであり、冷蔵庫でもある。夜、帰宅して「何か食べるものはないかな」と冷蔵庫のドアを開ける感覚でコンビニに行く。電子レンジもそこには用意されており、調理したての温かさで食べることができるわけで、コンビニはその意味で台所に早変わりもするのだ。

外食産業やクリーニング業、あるいは皿洗い機やシルバー産業などは、こうして家庭内における「隷属的」ともいえる労働をしだいに免除していき、女性たちが自由な時間を少しずつ確保するのを可能にしていったわけだが、他方、家事がこのように家庭の外部へと押し出されることで、家庭内にはいくつかの重大な問題が発生することになった。

はてしないくりかえしのいとなみ

家事労働のしんどさというのは、ひとつには、それが目的の実現というリニアなプロセスを描きにくい、はてしない反復のいとなみだという点にある。吉本隆明が料理について書いた、ちょっと怖い文章がある。

女性が、じぶんの創造した料理の味に、家族のメンバーを馴致させることができたら、その女性は、たぶん、家族を支配《リード》できるにちがいない。支配という言葉が穏当でなければ家族のメンバーから慕われ、死んだあとでも、懐かしがられるにちがいないといいかえてもよい。それ以外の方法では、どんな才色兼備でも、高給取りでも、社会的地位が高くても、優しい性格の持主でも、女性が家族から慕われることは、まず、絶対にないと思ってよい[3]。

家族の事情があって七年間、毎晩、天候にも気分にもかかわりなく、仕事の段取りをつけて、夕食の材料を買いに出かけ、お米をとぎ、おかずを作ってきたひとりの夫であり、詩人であるひとのことばである。風呂場でからだを抱かれ、顎の下、脇の下、足の指のあいだまで、丹念に洗われた経験に似て、ごはんを作ってもらうというのは、大げさにではなく、〈存在の世話〉をしてもらうというところがある。他人に何かを「してもらう」という経験のコアとでもいうべきものだ。

料理は「ふつう、ひとびとが考えているよりも、ずっと、空恐ろしい重さをもつものだ」。そう吉本はいう。その彼が料理の基準としてあげるのは、それが日常のくりかえしに耐えうるかどうかというものだ。したいからするのではなく、したかろうがしたくなかろうが、とにかくはてしもなくくりかえすことを余儀なくされる作業。わたしたちの思考がそれに拮抗できるだけの重量をもちえないとき、それは文字どおり遊びでしかないというわけであろう。

ひとが生き物であることを思い知らされる場所

このことと同じくらいたいせつな意味をもつとおもわれるのが、調理過程の省略が、現実というものへの感受性を根本から変えてしまう可能性があるということだ。「一つの器官が――あるいは一つの機能が――古い義務から解放されるたびごとに、その器官は発明をする」[4]とミシェル・セールもいうように、人間の文明は、大づかみにいえば、その身体能力を外部に出すというかたちで進化してきた。たとえば自動車は、人間の脚の機能を代行し、拡張するものである。人間の筋肉が手がけていたことは、わたしたちの社会では機械やロボットにまかされるようになった。ひとは次に、脳や神経をも外部に押し出した。パソコンは、人びとがそれまで必死で覚えてきたことをフロッピー化する。それまで脳でおこなってきた計算や記憶は、コンピュータの装置へと外在化されたのだ。時代をもっとさかのぼれば、人間が四足歩行から二足歩行へと移行することで、前足は歩行の機能を免除され、手としてはたらきだすことになった。あるいは「もつ」という機能。それはかつてはもっぱら口にたよっていたが、手がそれを引き受けるようになると、こんどは口がことばを発するようになった。このようにみてくると、わたしたちの脳は、記憶したり計算したりする仕事を免除されることで、別に何か新しい創造的機能を発揮しだすのではないかと、つい期待してしまう。

さて、人間の筋肉や脳の作業が別のものにとって代わられたように、コンビニやファーストフード・ショップによって、いまや調理という作業と能力も代行される傾向にある。かつてのレストランのようにハレの日にではなくて、まさに日常的にである。台所を外在化すること、これはしかし想像以上に危ういことではないだろうか。

というのも、調理をするという行為は、排泄物の処理とならんで、人間がじぶんが生き物であることを思い知らされる数少ない機会だからである。いのちあるものを殺したり、切り刻んだり、煮たり、焼いたりして料理するのが、台所仕事というものである。魚、肉、野菜……いずれもが生命をもっている。人間がどんなに文明化されようとも、わたしたちの食べるもの、そのほとんどが生き物であるという事実は変わらない。いってみれば、調理というのは、わたしたちがいかに自然と折り合いをつけつつ生きていくかが問われる現場でもある。むだな殺生を戒めるのも、そういうこころざしからきているのだろう。ふだんはそれとして意識することも少ない自然だが、それを離れては絶対に生きていけないことを痛切に思い知らされるのが調理の場、すなわち台所なのである。その台所をいま、人びとは外部へ出しつつある。(5)

現実性の係数

わたしたちが調理よりも先に家から外に押し出したのが、まずは排泄物の処理である。下水道と水洗便器の設置とともに、それは家庭内から去った。次に外部化されたのが、病人の世話であり、出産であり、ひとの死であった。

わたしたちのまわりに「家《うち》」で死ぬひとはめったにいない。路上で死ぬ場合もあろうが、ほとんどは病院で死ぬ。老衰という、しぜんに消え入るように死ぬこともほとんどなくなって、死期が近づけばなんらかのかたちで治療がなされる。治療は医療機関でなされる。往診に走る医師のすがたなど長く見たことがない。ほとんどのひとは病院のベッドで死ぬ。「畳の上で死ぬ」ということばはもう、死語のようになっている。同じように、赤ちゃんを家で産婆さんに取り上げてもらうというのも、すっかりめずらしくなってしまった。わたしたちは、家で母親のうめき声を聴くことも、赤子の噴きだすような泣き声を聴くこともなくなった。

頭が痛い、くしゃみが出る、腫れ物ができる、出血する……じぶんのからだがそんな状態になったときは、わたしたちはすぐにお医者さんのもとに走る。お医者さんの顔をじっと食い入るように見つめる。そして聴診器を当てられ、とんとんと背中を叩かれ、血や尿の検査をうけてから、結果を聴いてほっと歓び、あるいはうちひしがれる。じぶんのからだがいまどういう状態にあるのか、それがじぶんではよくわからない。じぶんのからだへの回路に医師という他人が介在しているわけだ。この意味でもわたしたちは、じぶんのからだがじぶんのものだと、自信をもっていえなくなっている。たとえばわたしの義理の祖母は、虫歯のときはどういう葉っぱを嚙みしめればいいか、風邪のときはどういう草を煎じて呑めば効くか、子どものころから家族に教わってよく知っており、九十を過ぎるまでは一度も医師にかかったことはない。人びとのそういう自己治療、あるいは相互治療の習慣は、いまではめったにみられない。調理や排泄物処理、縫製や相互治療などをおこなう能力の喪失が、被災時には意外に大きなダメージをあたえてしまうことは、一九九五年一月の阪神淡路大震災でも経験されたことだ。

誕生・病気・死は、人間が自然の存在、有限な存在であることがもっともあからさまに突きつけられる場面である。その重要なシーンが、病院など非日常的な空間で展開されるようになり、家庭という日常生活の場から遊離してしまった。いや、隠されてしまったといったほうがいい。そういう意味で、調理は、自然との接点として家庭内に残されていた最後のいとなみだったのである。この調理過程までが外部化するというのは、わたしたち人間の現実感覚にとって、何か決定的な変化を意味するようにおもえてならない。いのちがどくどくと律動していること、じぶんが生きるために他の生命をくりかえし破壊しているということ、そのとき他の生命は渾身の力をふりしぼって抗うということ、ひとは一つの作業を分けあい、そうしてその生存のために助けあうものであること、じぶんという存在がまぎれもない物そのものであり、生まれもすれば壊れもする、消滅もするということ……そういうことのからだごとの体験がことごとく削除されるとしたら、わたしたちの現実感覚、もしくは〈現実性の係数〉そのものが、根底から変化してしまうのではないだろうか。その変容した新たな〈現実性の係数〉に、わたしたちの感覚ははたして耐えうるのかどうか。

快適さの誤解

だから、労働の免除、労働の消滅などということは、たしかに明るい未来イメージをふりまきはするだろうが、そう単純には口にできないはずのことなのだ。そうした「解放」の発想は、労働＝辛苦という固定観念に立っている。が、これがわたしたちにとっての仕事の観念をいかに狭隘なものにしているかは、これまで何度となく確認してきたことである。労働と余暇を対置し、家事という「隷属的」な労苦から解放することがそのまま女性の解放につながると考えることによって、家事そのものがとてもネガティヴな規定をあたえられることになった。あるいは逆に、クッキングに趣味や嗜みやおしゃれという意味をよけいにもたせることによって、それが労働であることを過度に否定することになった。これは女性自身によっても不幸なことだったのではないだろうか。(6)

柏木博は、『家事の政治学』のなかで、一九世紀の婦人解放運動が「家政学」の運動というかたちで展開しようとしていたことが、途中からたんなる家事設備の電化、家事労働の産業化といったかたちでの問題の解決へとずれ込んでいった事情について、興味深い指摘をおこなっている。

やはり一九世紀後半にメルシナ・パースたちは、家庭内に孤立する女を解放するために、いわば協同組合形式の家事労働と設備を提案した。エレン・スワロウ・リチャーズは、一九世紀末に、貧困な生活をする人々に食事を提供するための公共キッチンをつくることを提唱した。彼女たちは、市場の原理によってではなく、かといって中央で集中的にコントロールする社会主義的原理でもなく、「協同」(コーポレーション)、「共同」(アソシエーション)という概念で家事(労働)の問題を解決していこうとしていた。

しかし、そうした一九世紀以来の家政学者の実践にもかかわらず、二〇世紀が終わろうとしている現在のわたしたちの生活の状況はどうだろうか。ドロレス・ハイデンは「今日も家事の闘争は続き、そして一方、家庭と近隣の理念はゆきづまっている。主婦たちは今なお孤立しており無給である。アメリカの企業は商品と商業サービスをもうかる事業として着実に進めている」と述べている。……〔これは〕一九世紀当初の家政学が家事労働の解放を、たとえば、男女の分業化を家庭内で行わない、あるいは家庭外の人々との「協同」、「共同」というかたちで家事労働の解放を実現しようとしたのに対し、結局、その後の家政学が市場経済のシステムを促進させることによって家事労働を解放させようとしたことの結果である(7)。

こうして女性の仕事はあいかわらず家事労働として家庭内に位置づけられたままであった。家庭はいうまでもなく、女性や老人を閉じ込めておく場所ではない。家事労働を非共同的に解決しようとしたがために、家事労働と社会性とが分離し、専業主婦たちは非労働、すなわち遊びのなかでしか社会性に関与できなくなった。このことが、多くの主婦たちに仕事と遊びの両面でむなしさを強いているようにおもわれてならない。

他方で、その主婦たち、あるいは子どもたち、老人たちは、労働の現場から除外されているぶん、逆にもっぱら消費の担い手として登場してくることになる。生涯学習の機会やフィットネス・クラブ、あるいは老人看護を代行するシルバー産業、それにスポーツ・クラブや文化教室などに、多くの企業がビジネス・チャンスとして群がりだしたとき、はじめてそういうビジネスのターゲットとして浮上してきたのだ。かつての有閑階級が召使に労働させて余暇を享受していたように、現在では主婦や子供たちが、男性に労働させて「ニュー・レジャークラス」の地位を得ているといえないこともないとは、藤村正之の意見である。(8) こうして八〇年代には、「ぜいたくは敵だ」という戦時中の広告をもじって、「ぜいたくは素敵だ」などというコピーも登場したのであった。

ところが、快適さや豊かさをもとめていた人びとが、いまではただ快適さや豊かであるということそのこと自体に、かすかな疑問をおぼえはじめている。「自己開発をすることもできず、また、人間の生産的活動とも関係なしに、ただ豊かでありさえすれば、それでわれわれはしあわせなのだろうか(9)」というわけだ。こうして人びとは、じぶんにとって、あるいは他人にとって、意味のある仕事、あるいは、じぶんがここで生きているという事実にある明確な輪郭をあたえてくれるような仕事に、もう一度、立ち戻ろうとしているようにみえる。

2　〈ヴォランティア〉というモデル

ヴォランティアという行為

人びとはいま、仕事と遊びという問題をめぐって、これまでの考えかたからすれば、とても奇妙な事態に直面しはじめているようだ。というのも、阪神淡路大震災時に多くのひとがその可能性をはじめて本気で考えだした「ヴォランティア」なる活動は、これまで人びとができれば免除してほしいとおもってきた非報酬労働と肉体労働とを、みずから志願してもとめるものだからである。

年が明けていきなり震災に見舞われた一九九五年、この年を「ヴォランティア元年」と呼ぶひとがいる。それほどヴォランティア活動にめざましいものがあった。これほど活発で大規模な活動が起ころうとは、だれも予測しなかった。遠く、近畿圏外からも多くのひとが駆けつけた。

ヴォランティア（volunteer）というこの英語、ラテン語の volo（欲する、願う）、そしてそれを名詞化したvoluntas（意思、願望、好意）から派生したことばで、だから名詞としては「志願者、義勇兵、篤志家、慈善家、無償奉仕者」などと訳され、動詞としては「進んで引き受ける、申し出る、買って出る」などと訳される。が、じぶんのやっていることを慈善だとか篤志、無償奉仕などと言うひとを、ふつうひとは信じないものだ。じぶんのやっていることが〈善〉であるとじぶんで認めるのは、わたしはあなたを「愛しています」と言うのと同じで、だれもがまっさきに、そこに、偽善とまではいかないにしても一抹のやましさや居心地のわるさを感じてしまうものだ。だから、たぶん、みんな「ヴォランティア」と外国語で表現したのだろう。「自発的で無償、慈善の活動」と「やむにやまれず駆けつけた、気がついたらここにいた」というのとのあいだには、「愛」と「ほれてる、好き」のあいだと同じくらい、意味のずれがある。そういうずれの存在を確認しておいたうえで、ここでなおかつヴォランティアという、労働とは異なる仕事のかたちについて、ちょっと考えておきたい。

名前をもって携わる仕事

まず注目しておきたいのが、多くの人たちが望んだヴォランティアの形態が、他者のまえで、他者に積極的にかかわっていく活動（黙って耳をかたむけるという行為をももちろんふくめて）であったこと、そしてまた多くの場合、全身体的な活動であったことである。職務が分割された組織（たとえば企業組織）のなかでの、その部分としてのじぶんの仕事（ジョッブ）から一度離れて、働いてみたいという願望がおそらくはあっただろう。そこでは仕事はまぎれもなく「職業」であり、そのかぎりでだれか他のひとと交換可能な職能であったからである。つまりその労働の現場で、ひとは本質的にかぎりなく匿名的であったからである。これにたいしてヴォランティアは、特定のだれかの前に、まさに特定のだれかとしてかかわるということである。したがって、ときにぬきさしならぬ関係になることもあるにしても、それをもふくめてある関係のなかに入っていく行為を、ヴォランティアは意味する。これとの関連でおもいだすのは、藤村正之の次のような文章である。

ボランティア活動などが充実感と結びつきやすいのは、「遊び」のもつ距離を設定した自由な関わりと、職業労働のもつ社会的連関性とが適度にまざっているからであろう。遊びそのものがシステム内化されていき、遊んでいながら遊ばれているかのような仕組みになり、自由さが感じられにくくなった結果、失敗し傷つく自由までふくめたうえで社会的な関係を求めていくことが、自己存在の実感に変換されていくということなのだろう(10)。

これは、従来の労働観からすれば、いろいろな矛盾をふくんでいるだろう。それがさまざまのかたちで露呈しもするだろう。が、にもかかわらず、そういう不格好なまで人びとがそこに何を探しもとめたかを、まずは理解しようとすべきだ。

他者の他者としての〈わたし〉

たとえば、家に病気で寝ている姑がいるのに、その看病をほっぽりだして、遠くの体育館へ毎日遅くまでヴォランティアに出かけている主婦がいるというひとがいる。にやっと、皮肉まじりに語るその語り口。これはまっとうな語り口だろうか。他人のために何かしたければ、同じ屋根の下にご主人の母親がいるではないか、姑と考えなければいい、ひとりの老人がだれかの助けを必要としているではないか、それを、他人ならやる気にはなるが姑はいやというのでは、ただのエゴイズムではないか……と、口角沫《こうかくあわ》を飛ばして言うのだが。

理屈はたしかにそうなのである。が、それでは救われない、というのもたしかなのである。わたしたちはじぶんがいま、ここにいるというしっかりした感覚をどうしたら抱くことができるのだろう。じぶんらしく……などということばに魅かれて、じぶんだけにしかないものとはいったい何だろうと、自問しはじめるひともきっといるだろう。でも哀しいかな、たいていのひとはそういうものを探しても、じぶんのなかに「個性的」とか「オリジナリティ」といったことばにみあうようなものを発見することはない。

「じぶんらしさ」などというものを求めてみんなはじぶんのなかを探しまわるのだが、ほんとうにわたしたちの内部にそのような確固としたものなどあるはずもない。もしそういうものが潜んでいるなら、そもそもそのような問いに囚われることもなかったはずだ。それより、じぶんがここにいるという感覚のなかに身を置くために、眼をむしろ外へ向けて、じぶんはだれにとってかけがえのないひとでありうるかを考えてみたほうがいい……人びとがそう考えたとしても何の不思議もない。

〈わたし〉というものは他者の他者としてはじめて確認されるものだという考えかた[11]、意識していたか否かは別として、人びとはそういう考えかたに賭けた。他者とは他人のことではない。家族もじぶんではない別のひととして他者である。そういうだれかある特定の他者にとって意味のある他者にじぶんがなりえているかどうかが、わたしたちが自己というものを感じられるかどうかを決めるというわけだ。したがって、母親に「この子とは反りが合いません」といわせたら勝ちである。母親はいよいよ子どもを別の存在として認めたのだから。逆に、風邪で数日学校を休んだあと、学校に戻っても何の話題にもされなかった子どもは不幸である。他者のなかにじぶんが何か意味のある場所を占めていないことを思い知らされたのだから。ときには恨まれ、気色悪がられたってよい。他人にとってひとりの確実な他者たりうるのであれば。例はわるいが、暗い道端で通りがかりの女性にペニスを出して驚かせる露出症の男性も、ネガティヴなしかたで絶望的に他者を求めているはずなのだ。

そこで先ほどの主婦なのだが、彼女が姑の世話をしていてしんどいのは、それがやってあたりまえのことだからである。それも家族の一員として。この〈わたし〉が求められているのかどうか、そのことが同じ辛い作業を実際より軽くも重くもする。被災地でのヴォランティアでは、じぶんはたとえ無名のひとりではあっても、だれかある他者にたいして意味のある場所に立つことができる。助かった、と一言いってもらえる。もっといてほしい、とじぶんの存在が求められる。テレクラでおしゃべり相手を探すのも、息子がいながら息子と同じような年齢の男に貢いだりするのも、おそらく別の理由からではない。家庭のなかで他者の他者たりうるためにも、彼女には外部に他者が必要だったのだろう。

そういえばこんな話もあった。ヴォランティアは、どこでいまどんな物資や力が必要かをまず知らなければ動きがとれないので、まず市役所に集結し、職員の指示を待つ。ところが、順番がきて、仕事の内容を聞かされたとき、「肉体労働でないといやだ」という若者が意外に多かったという。奇妙なわがままと言えば、たしかにそうである。が、職場での非肉体労働の毎日のなかで、じぶんがだれなのかを問いつづけてきたひとにとっては、デスクワークやセールスとは別の仕事でなければならなかった。だれかある他者の顔が鏡として必要だったのだ。

こうして多くのひとが被災地へヴォランティアとして通いつづけた。「だれが最初に来たかって、茶髪や金髪のにいちゃんがいちばんやったでえ」というひともいた。このにいちゃんたちに、ヴォランティアということばはあまりぴったりこない。その何かそぐわない感じが、「自発的で無償の慈善活動」（ヴォランティア）という理念と「やむにやまれず駆けつけた、気がついたらここにいた」という気分のずれを、あまりかんたんに埋めないほうがいいとわたしたちに教えてくれる。

〈顔〉を差しだす行為

もちろん、被災地におけるヴォランティア活動には、被災者を受け身の存在にするということの危うさもある。この点については、阪神大震災という「受難」に際し、野田正彰が早くから次のような指摘をしていた。「救命活動が一段落すると、被災地は巨大な収容所になりがちだ。マスコミを含め、外から入ってきた人は一方的な救援者役割に酔い、被災者を受け身の人々に変えていく。奥尻や島原で見たこのような傾向を再現させないために……」と彼はくりかえし訴えていた[12]。その憂いが現実化したところもないではないが、多くのヴォランティアの人たちに、いまどこで何が必要とされているのか、それを知らされてから、呼び求めに応じて動くという沈着さが見いだされたのは、うれしい事実であった。ここには、いいなりになるという受け身ではなく、それがポジティヴな意味をもつような局面がみえはじめていた。

そういうポジティヴな受け身ということを、改めて感じさせてくれたのは、中井久夫（神戸大学）を核とする精神医学者グループの活動をまとめた『1995年1月・神戸』である。この本のなかで、じっと「その場にいてくれること」（「プレゼンス」の中井流の訳語である）がどれほどポジティヴな意味をもつかについて、中井はこう書いている。――「待機しているのを《せっかく来たのにぶらぶらしている（させられている〉》と不満に思われるのはお門違いである。予備軍がいてくれるからこそ、われわれは余力を残さず、使いきることができる」[13]。

いうまでもなく、これは医療の現場だけのことではない。職場でも家庭でも、わたしたちには、じぶんがこんなに動けるのは、じつはじぶんのことを考えて積極的にじっとしているひとがそばにいるからだ、と深く思い知ることがある。たとえば子どもを家で待つ母親。彼女がこれを、自由を奪われている状態と感じるか、家庭という場所でいまは積極的にじっとしていなければならないと感じてそうしているかは、おそらくそのひとの生きかたにかかわることである。

はじめて幼稚園に行ったとき、母親から離れてひとり集団のなかへ入っていくときの不安は、だれもが経験しているはずだ。ちらちら母親のほうを振り返り、自分のほうを見るその顔を確認するだけで、はじめて別の何かができるということが、わたしたちにはある。「ひとには、じぶんがだれかから見られているということを意識することによってはじめて、じぶんの行動をなしうるというところがある」とは、わたしの信頼する発達心理学者の言葉である。面前でじっと見つめられるというのでなくてもいい。だれかがわたしを気づかい、わたしを遠目に見守っている、そういう感触、それが〈顔〉の経験ではないか。〈顔〉とは、呼びかけ、あるいはささやかな訴えであり、見られるものではなくて与えるものだ、そしてそういう顔の存在が他人を深く力づけるのだということを、つくづくおもった震災以後の日々であった。ヴォランティアの精神というのも、じつはこの、〈顔〉を差しだすという行為のなかにあるのかもしれない。(14)

他人による承認

〈顔〉を差しだすのは、しかし他人のためではない。少なくとも、じぶんではそうおもわないほうがいい。他者の他者としてのじぶんをほかならぬ他者に認めてもらうということ、それは極端な場合には憎しみや恨みというかたちであってもいい。他者によって無視しえない存在として認知されること。ヴォランティアは無報酬だといったが、そういう他者としての認知、行為としての評価や賞賛が、まさに「見返り」としてあるといってもよい。同じ行為でも、他人の反応が「やってあたりまえ」というのと「よく、やる」というのとでは、当人にとって雲泥のちがいなのである。山崎正和が挙げている例ではこういうのがある。(15)八百屋さんや酒屋さんの子弟が、同じ野菜や酒を取り扱うにしてもスーパーなどに勤めて外でそれをやりたがるのは、報酬の問題ではなく、「より広い労働の場所」であり、「より多くの人の目によって見られる場所」で働きたいからだというのである。それによって、自分が他者からどのように評価されているかが、はっきりと測定できるからである。「人生の最終的な意味は曖昧であり、したがってそのための最終的な有効性も曖昧であるなら、せめて人生の部分をなす、一つ一つの仕事に自己完結した価値をあたえなければならない」……ことになるかならないかは別として、おそらくはそのように考えて彼は「より広い労働の場」に出たのだろう。スーパーはその意味で、じぶんというものを少なくともより明確に感じることのできるステージだったのであろう。

ついでにいえば、山崎はそこにこそ、新たに再確認されるべき企業組織の存在の重要な意味もあると考えている。——「将来の産業がますます個人の創意に頼り、発明や企画に依存するものになればなるほど、そこで働く個人にとっては失敗の危険もまた増えるものと予想されます。そうした危険を共同で担保し、つぎの創造のための資本を維持しようとすれば、そこには当然、一定の大きさを備えた組織が必要になるでしょう⑯」。

ヴォランティアという活動が浮き彫りにしたのは、他者の前でだれかとしてその他者にかかわるという、ひさしく労働というものが失っている契機である。物ではなくて、記号でもなくて、他のひとにたいするものとしての労働、人びとのあいだでの活動としての労働である。現在の労働環境をめぐる議論には、さまざまの定型的ともいえる論点がいくつかある。たとえばシステム社会に対してネットワーク社会ないしはネットワーキングという関係を対置してみたり、一義的に決定可能なロジックに対して感性とかファジーといった揺らぎのある構造や感受性を対置してみたり、あるいは、高度成長期以後の現代企業がくりかえしスローガン化してきたように、近代の生産主義ないしは勤勉主義にみられる労働フェティシズム、ワーカホリックに対して、「豊かさ」とか「ゆとり」とか、「アメニティ」とか「リゾート感覚」「貴族趣味」とかを対置してみたり……といった議論である。こうしたステレオタイプとでもいうべき対立の構図が内蔵している諸問題、それらの多くがこのヴォランティアという、さまざまの矛盾をはらんだ行為のなかに、入り組んだかたちで見てとれる。労働という問題のかたちをとって、ここでは現在の社会関係が、あるいは他者とのかかわりのありようが、強く問題となっているものとおもわれる。

3 ホモ・ヴィアトール
あるいは、途上にあるという感覚

閉じた同一性

人びととの関係が問題であるということ、要するに「はたらく」とは「はた（傍）がらく（楽）になることだ」というのは、もちろんあまりしゃれてはいない駄じゃれではある。がしかし、わたしたちひとりひとりが〈わたし〉である根拠、つまりは自己同一性（アイデンティティ）なるものが、わたしたちの社会ではしばしば労働による物の所有のなかにもとめられてきたことを考えれば（労働によらない大所有もかぎりなくありはするが）、この駄じゃれも問題の所在を指示するものとしては、まったく意味がないこともない。

が、それにしても、商売上のおじょうずでもなく、機械的なサービスでもなく、記号としての儀礼的な挨拶でもなく、事務的な処理作業でもなくて、特定のだれかとして他の人たちにかかわるという契機が、厳密にいえば、仕事のなかでこれほどまでにもまれなことになっていること、そしていま、仕事にとって本質的なはずのそのような契機が、労働の場面ではなく非労働の場面、たとえばヴォランティアなどの場面でこそ、より生き生きしたしかたで見いだされるということ、そのことには幾重もの理由が考えられる。

ただちに思い浮かぶのは、右に言及したような「仕事上」の顔は組織の顔だということである。先にわたしたちは、際限のない目的連鎖としての労働の構造についてみたが、この目的連鎖は、組織的にみれば、分業体制下での命令の連鎖ということでもある。各人はそういう命令系統の一部をなすわけだから、部分としての顔しかそこにはありえないことになる。労働過程そのものがすでに分割されており、したがってその一地点に位置する個別の労働者が全体を見わたし、管轄しうる道理はない。だからもし、労働主体が組織の顔ではなく、「だれ」としての個別の顔をもって仕事ができるとしたら、それには、労働の単位を可能なかぎり小規模なものに変えることがもっとも手ばやい方法であろう。これは労働過程をいくつかの単位に分離・分割するという意味ではない。そうではなくて、いわば百貨店のなかのブティックや惣菜の小売店、老舗の出店のように、ひとまとまりの労働過程を小規模にすることで、相対的に、労働過程における労働者の自律性や自己決定性を高めるということである。

が、より本質的な理由は、各人がじぶんの存在証明を、じぶんがもっている能力とか資質、あるいはじぶんが所有している財でおこなう、そういう習性のほうにありそうだ。それはいいかえれば、じぶんが同一の存在であることの根拠を他者との関係のなかにではなく、自己自身の内部に見いだそうとやっきになっているということである。じぶんをじぶんとして閉じることによって、じぶんの同一性を確認しようというう

やりかたである。(17)

アイデンティティの根拠

〈わたし〉とはだれか？　この問いはしかし、それをそのままじぶんに向けたところで、おそらく「わたしはわたしだ」というトートロジカルな答えしかありえない。〈わたし〉について具体的に語りだそうとすれば、じぶんがどこで、だれのもとで育ったかとか、じぶんがどのような性格であるかとか、じぶんがいまどこで、だれとともに働いているかとか、じぶんにはどのような家族がいるかとか、そういうことを一つ一つ具体的に押さえていくしかないだろう。その意味で、〈わたし〉は他者たちとの共同生活のなかにあり、じぶんがだれを他者として見いだし、そしてその他者たちにじぶんがどのような存在として認められているか、そういう他者との具体的なかかわりのなかにしか、〈わたし〉の存在はないはずである。

ところが、この「人格の同一性」について、西欧近代の代表的な議論は、同一であることのその根拠をじぶんのなかの自己意識の連続性のなかにもとめてきた。ジョン・ロックからエドムント・フッサールまで、〈わたし〉の自己同一的な存在を、意識が自己自身を時間のなかで「捉える」はたらきのうちに見いだそうとしてきたのである。[18] 同じようなエートスは、わたしたちの日常生活においてもはたらきだしている。右にのべたように、他者との関係のなかにじぶんを解き放つのではなく、そういう関係のなかではじぶんが拡散してしまう、消失してしまうと思い込んで、逆にじぶんをじぶんの内部で規定しようとし、しかもそこからはたんに時間をつうじての同一性という抽象的な規定しか発見できないとき、ひとはじぶんの存在をじぶんが所有している物に仮託することになる。多くをじぶんの財として所有していることが、じぶんの存在確証の手段になり、じぶんを確証するためにますます多くの物をもとめつづけるということになる。[19]

ロナルド・D・レインも、アイデンティティについて次のように定義する。「アイデンティティとは、それによって、この時この場所でも、あの時あの場所でも、過去でも未来でも、自分が同一人物だと感じるところのものである[20]」と。持続、つまり時間をつうじての同一性のなかに、アイデンティティのもっとも重要な意味をみている。ところが、それにつづく文章がちがう。レインは、右の文章につづけて、「それは、それによって、ひとがそのひとと認められるところのものである」というのである。これは、他者の他者としての自己という、前節で規定したあの論点を思いださせる。ちなみに、デンマークの「憂愁の思想家」、キェルケゴールも、「自己が何に対して自己であるかというその相手方が、いつも自己を量る尺度である」と書いている。[21]

一貫性はたしかにたいせつである。じぶんを一貫して同じしかたで見ることができる、他者からもまたそのように見られるということが、〈わたし〉というものの同一的な存在をかたちづくるからである。もしこれが崩れたら、「全世界を一括して束ねていた輪止めがはずされる」（レイン）といっても過言ではない。が、「他者からもまた」という契機がすっかり脱落してしまったら、わたしたちの生はリアリティの繋留点を見失って、空想的なものとならざるをえないだろう。〈わたし〉はだれかという問いは、したがって、わたしの自己理解のなかにあるのではなく、他者がじぶんを理解するそのしかたのなかにあるのでもなく、その二つが交錯し、せめぎあうその現場にこそあるといわねばならない。〈わたし〉はじぶんがそうおもっているものでもないが、他人がそうおもっているものでもないのである。

人格のアトム化

持続性とか時間をつらぬいて同じものでありつづけるという面と、つねに可塑的であるということ、別の可能性へと開かれているという意味でゆるみがあること。この意味で柔らかい同一性というものが、アイデンティティのかたちというものである。

いつでもどのような状況の変化にも対応できるようその存在が適度にほぐれていること、一つの意味に覆いつくされていないことが重要である。

しかし、わたしたちが〈インダストリー〉の精神とよんだものが支配する社会では、時間をつらぬいて同一のものでありつづけるという一方の契機ばかりが、過剰なまでに厳密に追求される。ずっと同じ人間でありつづけること、そのことが、ずっと同じ職場にとどまること、ひとつのことをやりはじめたら最後までやりつづけること、恋愛においてのみならず社会関係一般において浮気っぽくならないことといった倫理を、わたしたちに過剰に課すのである。そしてそれゆえに、遊びが「ふざけ」「ふまじめ」「無責任」というふうに規定され、現実を内側から構成しているものとしての〈遊び〉のはたらきが見のがされることにもなったのである。

同一であること、持続していること、そういう契機をあまりにもリジッドにとらえると、現代社会はいかに悲観的にしかみえないかを考えさせるよい例がある。マックス・ピカートが、「人格のアトム化」(Die Atomisierung der Person, 1958) と題したエッセイのなかでのべていることである。

私はかつて一人の男がテレヴィのまえに坐っているのを見た。そのそばで同時にラジオが鳴っていた。しかも同時に、この人は時折りテレヴィから目をはなして新聞を読んだ。一体この男はどこにいるというのだろう。テレヴィのなかにいたのか、新聞、ラジオ、或いは安楽椅子のなかにいたというのか。彼はすべてであり、そして無であった。至るところにおり、しかもどこにもおらなかった。そして彼が望んだのは、正にこのことであった。すなわち、どこにもいないこと、自分自身を解体し、そしてふたたび自分を破片から組み立てることであったのだ。今日の死はなんと安直であり、今日の復活はまたなんと安直なことだろう！　この人間は自己自身から逃走していたのだ、と言うのは間違っている。彼はそもそも自己を持たないのであって、したがって自己自身から逃げることは出来ない。彼は普遍的崩壊のなかの、運動の一小部分以外の何物でもないのである。(22)

ひじょうに悲観的な見方である。そして現在のわたしたちの生活はといえば、おそらくはこれをそのままグロテスクなまでに肥大化したものになるだろう。たとえば夜のニュース番組。音楽とともにタイトル・バックが現われ、続いてＣＭが数本流される。ニュース・キャスターが笑顔でオープニングの挨拶をする、そして急に襟を正して、数時間まえに起きた児童殺害事件をリポートする。現場からの生中継に移る。悲痛な面もちで論評を加える。突然、「ここでちょっとコマーシャル」。次に事務的な表情で政局についての報道原稿を読み上げる。また軽快なＣＭ。「お待たせしました」とナイター速報。スポーツ新聞の編集局と回線をつないでひとしきり楽しいおしゃべりが続く。ＣＭ。そしてこんどは「今日の特集」。またＣＭ。海外特派員からの報告。経済情報に天気予報。ＣＭ。そのほかのニュース。突然、ニュース・キャスターが顔をしかめ、「もう一度現場を呼び出してみましょう」と最初の事件に戻る。ただしものの数十秒。そして「またあした」と、微笑のエンディング。――この番組の前にはプロ野球中継と短い料理番組があり、後にはバラエティ・ショーや映画が続く。ピカートなら卒倒しそうな風景である。

テレビ番組は、たがいに何の内面的な連関もないさまざまの事象の組み合わせによって構成されている。時間の経過とともに事象の次元がめまぐるしく交替するので、意味の連続性を追うわけにはいかない。したがって感情を引きずってはいけない。印象をひとつに収斂させてはいけない。印象をたえず切断し、分散させておくこと。これがテレヴィジョンという装置とつきあうための条件である。そこでもう一度、ピカートのことばに耳を傾けてみよう。

現代人は内部的に連関性を喪失した右往左往の状態のなかに生活している。われわれは内的に引き裂かれてしまっているのだ。われわれは連続性のなかに生きているのではなく、非連続性のなかに生きているのである。一つの印象、一つの感情、一つの思想は、孤絶されながらそれぞれ別の印象や感情や思想のそばに平気で並んでいる、――いや、他の印象のそばに並んでいるのではなく、まるでそれに先行するものがまったくなかったかのように、つぎつぎにたち現われるのだ。そのような人間は一つの瞬間にはヘルダーリンの詩を読み、恐らくはそれを理解することさえ出来る。しかも次の瞬間には自分自身の父親を密告したり、或いは殺害することさえ出来るのである。万事は連関性を失ってしまった。(23)

内部的な連関性の喪失――テレビ番組は経験のこのような変質を反映しているというより、むしろそれを前提しているといったほうが正確だろう、経験のたえざる解体、ピカートはそれを核分裂になぞらえて「アトム化」と呼んだ。経験を統合する中心、すなわち〈わたし〉が、世界とともにひび割れ、粉々に瓦解しつつあるというわけだ。そしてこのような眼には、自動性という特徴をもったあらゆる技術的装置が、経験の内部連関を脅やかすものに映ってくる。はげしい危機意識である。(24)

〈わたし〉のなかの〈遊び〉

しかし、そうした内部的な連関性の喪失というのは、ここでいわれているほど危機的ばかりであるだろうか。このような危機意識そのものが、ゆるみのない同一性へのある切迫した意識というものを内蔵してはいないだろうか。

まったく内部的な連関性のない生などというのは、もちろん、生の破産、生の崩壊にほかならず、抽象的にしか考えられないが、逆にぴちっと隙間のない同一性というのも、ひとがそのなかでは息苦しくて生きられないものである。ちょうどふたりの会話を録音して聞くと、その場ではとても緊密にかみあい、交換されていたとおもわれたことばの群れが、ほんとうはてんでんばらばらで、たがいがたがいのことばにきちんと答えていない、テーマもころころ変わり、まるで一貫した対話になっていないことにおどろかされる。が、本人たちはそれで深いコミュニケーションがあった、おたがいのことがよくわかったなどと、満足している場合が多い。会話とは、そしてそれを生き生きとしたものにしている〈遊び〉の存在とは、つまりそういうものなのである。ふたつのちがう考えかたのスタイル、ふたつのちがう感じかたのスタイル、それらがふれあい、交わりあう経験のことなのである。同じ作業をしていても、それが感じられるときに、共通のものをめざしてともに働いているというよろこびが、あるいはもっとストレートに、他人といっしょにいるというよろこびがあるのである。ひとりひとりにじぶんのやりかたがあるということが、自信をもって確認できれば、おそらくそれがいちばんいいのである。

ひとにはひとそれぞれのやりかたがあるということ、それぞれのスタイルがあるということ。ひととしてのアイデンティティとは、「文体（スタイル）は人なり」といわれるように、行為の文体、行為のモード（様態）のようなものであろう。それをひとはある柔らかい持続のなかで、じぶんの行為に、そして他者の行為に、確認しつつ生きていくわけで、そういう意味をこめてレインは、「自己のアイデンティティとは、自分が何者であるかを、自己に語って聞かせるストーリーである」といったのである。このストーリーは、しかし、たえず組み換えの用意ができているものでなければならない。じぶんをじぶんとして編み上げている他者との関係というものは、その他者の「だれ」ということに応じて、あるいはそのつどの他者のありように応じて、刻々と変化するものだからである。ここでもう一度、じぶんが〈自己〉というものをもちうるのは、特定の他者の他者でありえていると感じられるときであったことを思いだしたい。この他者は、いうまでもなく、未知のひとであってもよい。

他者との関係のなかで編まれていくこのような〈わたし〉のストーリーが、仕事のよろこびに欠かすことのできない達成感というものを裏打ちしているのだし、また仕事がたんに必要に迫られておこなうものである以上に、それ自体において楽しいものだという感情をはぐくみもするのである。何千枚もの切手をただ貼るだけの単純労働も、強いられた事務仕事としては、石を運び上げては転がり落とすという無意味な反復を強いられたシジフォスの作業をしか意味しないが、それがヴォランティア・チームや党や教団のためであるとわかっていれば、別の意味をもつ。「シジフォスが悲惨なのは、彼が閉じ込められている回路が極端に狭いためでもある[25]」。前者の単純作業においては、〈だれのために〉という契機がそっくり抜け落ちているのだ。

ホモ・ヴィアトール

この仕事をおこなうこと、そのこと自体が楽しいという、仕事の「内的な満足」(intrinsic satisfaction) は、このように(未来の目的とではなく)現在の他者との関係と編みあわされている。だから、「じぶんがだれであるかをじぶんに語って聞かせるストーリー」といっても、それはじぶん勝手な意味づけという意味ではない。ひとつの仕事のなかでひとつのことをなしとげたという感覚をあたえてくれるようなそういうストーリーは、じぶんはだれかということ、つまりは自己のアイデンティティとの関連であたえられるものである。そしてそれこそひとがふつう、「生きているという手応え」とか「生きがい」とよぶものなのである。

〈ホモ・ヴィアトール〉(homo viator) ということばがある。「旅する人間」、あるいは「遍歴者」という意味である。ガブリエル・マルセルはこのことばに、人間のつねにみずからを「超えてある」というありかた、あるいはつねに何かへといたる「途上にある」というありかたを読み込んでいる。

人間は自己を、存在として把握するよりはむしろ、自己であると同時に自己でないものを乗り超えようとする意志として、つまり、自己がかかわっている、ないしはかかわらされていると感じてはいるが、自己を満足させてくれない現実、自己が一体となろうとしている渇望にふさわしくない現実を乗り超えようとする意志として把握するのだ。個人の標語は、私はある (sum) ではなく、私は超えてある (sursum) である。[26]

じぶんを超えたものにじぶんが開かれてあるという感情――これを裏返せば、じぶんが、じぶんでじぶんの存在に意味をあたえられない限界のある存在であるという意識であろう。じぶんの内部に入り込む、あるいは浸りきるのではなく、じぶんの外に出るという、そういう sursum の感情のなかに、(27)わたしたちはふつう達成感とよばれるもの——これが仕事の「内的」なよろこびにほかならない——を見ることができる。そしてこれは、具体的には、仕事を意味づける枠組み、つまりは「やりがい」を編むストーリーの設定と交替の運動として現象する。心臓の鼓動のようなそういう運動のなかでこそ、ひとは「生きている」ということを実感できるのだとおもう。

行き先よりも途中の旅

「ひとである」というのは sursum、つまりは「途上にある」ことである。マルセルのこのことばを借りて、人間を、ホモ・ファーベル（homo faber）、つまり《工作人》でもなければ、ホモ・ルーデンス（homo ludens）、つまり《遊戯人》でもなく、ホモ・ヴィアトール、つまりは《行人》としてとらえるとき、そしてそのつどの仕事を人間のそうしたありかたにまでかかわらせることができるとき、はじめてわたしたちは仕事の「内的な満足」の可能性について思いをはせることができる。何かを実現するという、あらかじめ目的地が明確に設定されている、そういうパック旅行ではなく、つねに別の場所への移行の状態にある、何かに向かっているという感触が、仕事に充実感やときめきをあたえる。同じ場所への停滞は、アンニュイな気分を与える。いまのじぶんを超えた別のじぶんへの移行の感覚が、ここでは重要である。そしてそういう感覚のなかでは目標点ではなく、通りすぎる風景の一つ一つが、廻り道や道草もが、意味をもつことになるはずである。

〈わたし〉はいまの〈わたし〉を超えたものへといたる途上にこそあるという感覚、この移行の感覚はもちろん、近代社会のあの「青い鳥」幻想と背中合わせではある。そしてそうした幻想の移行にふり回されるのが、高度消費社会という、記号とイメージを消費する社会であることはいうまでもない。わたしたちが第一章で引いたあのボードレールの詩「この世の外ならどこへでも」のなかで、それは狂おしいまでにせつなく予言されていた。わたしたちが仕事のなかにもとめる移行の感覚とは、それとの対比でいえば、未来のために現在を犠牲にする〈前のめり〉のものではなく、むしろ同時的なものであろう。それは他者との関係のなかで〈わたし〉の変容を、そして〈わたしたち〉の変容を、期するものであるから。「希望はつねに帰郷であるとともに、何かある新鮮な新しいものである」[28]。〈希望〉という、この美しいことばで、「途上にある」という移行の感覚を表現したのが、ガブリエル・マルセルであった。

「ともに生きてある」という感覚が仕事のなか、遊びのなかで生成するとき、あるいはまた、わたしたちそれぞれがそれとの関係でじぶんをはかる、そういう軸のようなものが、世界のなかで、そしてわたしたちのあいだで生成しつつあると感じられるとき、それをひとは「ときめく」と表現するのだろう。現在を不在の未来の犠牲にするのではなく、〈いま〉というこのときをこそ、他者たちとのあいだで「時めかせ」たいものだ。

補　章　いまひとたび、働くことの意味について

労働をめぐるきびしい状況

この本を上梓したその数年後のことだと記憶するが、長びく不況のあおりを受けて、高校卒の就職希望者の就職内定率がとうとう九〇パーセントを割った。九〇パーセントといっても、求人数はそれまでのおよそ一〇年で六分の一近くまで減ったというから、希望どおりの職種につけたひとははるかに少ないはずだ。

他方、これと相前後して、高卒者の離職率は入社後三年でほぼ五〇パーセント、四年制大卒者でも三〇パーセントを超えるという厚生労働省の調査データが出ている。企業のリストラによる雇用調整が、見えないところで若年層の労働意欲をひどく殺《そ》いでいるのがその理由の一端であると指摘したのは、玄田有史の論文「何が若者を転職に追いやるのか」（『中央公論』一九九九年一〇月号）である。リストラといっても人員整理は容易ではなく、まず新規採用を抑制せざるをえない。後輩社員が入社してこないと、若い社員にとって事務の末端としての仕事がどんどん増える。企業内教育訓

練の機会も減る。専門の訓練が十分に得られず、結果として仕事に誇りや責任を感じにくくなる。労働組合にそういう不満を十分に吸い上げる力はもはやない……といった、いかんともしがたい流れが職場にはあるという。そして「こんな仕事をいつまでしていても」とある日仕事に見切りをつける、そんなケースが相当数あるのだろう。

その後も、「金融危機」のあおりをくらって、少なからぬ中小企業が銀行の貸し渋りで廃業か倒産ぎりぎりのところまで追いつめられた。大企業でも「人員削除」という名目で突然、非正規社員の契約打ち切りや新入社員の内定取り消しなどがなされ、勤労をめぐる状況はいよいよきびしさをきわめている。

就職難も不況もそれぞれに由々しきことだが、この国の若年層のかなり多くが「納得のゆく」仕事につけていないというのも、つまりじぶんが仕事をするということに「納得のゆく」意味づけができていないというのも、おなじく由々しきことだとおもう。いまの職場の「納得のゆかなさ」のひとつに、中高年のもろもろの既得権が後続世代のチャンスを殺いでいるということがある。それぞれの世代がそれぞれに抱え込んだ「苦労」に十分に思いをはせつつ、仕事の再配分についてあらためてきちんと議論する必要があるようにおもう。

本書の文庫版は「勤労感謝の日」あたりに刷り上がると聞いているが、皮肉にも、いまどきの労働をめぐる右のような状況は、「勤労への感謝」という心持ちから遠く隔たっている。営業成績本位の労働のなかで、それをつうじてなにか大切な価値を生みだしているという手応えはない。じぶんの仕事がたしかにだれかの役に立っている実感も乏しい。「あなたは要らない」という人員の切り棄てが平然となされる。これでは、それぞれがそれぞれの場所で労働をつうじてたがいに生活を懸命に支えあっているという感覚をもつのはむずかしい。生活を支える社会システムが巨大になって、じぶんが具体的なだれかの労働に支えられているという事実が見えなくなっているからだ。それだけではない。システムを支える個々のひとではなくシステムそのものの存続のために、ひとは求められたり棄てられたりする。

だからだろう、ひとは目に見える支えあいを求めた。阪神淡路大震災の起こった一九九五年ころから「ヴォランティア」への波が起こった。市役所に勤めている知人から聞いた話では、震災援助の現場に駆けつけたヴォランティアからは、職業を活かした任務ではなく、勤労の場では忌避されがちないわゆる３Ｋ（きつい、厳しい、危険）の仕事が求められたという。対策本部ではなく被災の現場に行かせてください、と。労働の場（職場）よりも非労働の場でのほうが「仕事」をしているという実感が得られるという、なんとも皮肉な現象である。その後は「フリーター」とか「ニート」とかいった、雇用からの除外であるとともに終身雇用の拒否でもあるような労働へのこれまでとは異なるかかわりが目につくようになった。いまは「派遣」という体《てい》のいい名で、景気の変動にともなう労働力（人件費）の調整が堂々となされている。

こうして労働は感謝の対象であることからどんどん遠ざかっていった。「恵み」や「感謝」という言葉がリアリティをもつのは、じぶんたちのいのちがじぶん以外のものに握られているという感覚があるときであろう。たえず飢餓の不安にさらされ、農耕の成果は気候に左右されるという厳しい状況のもとでひとはひとを超えた力に祈り、その恵みに感謝する。技術が際限もなく進化し、自然を支配と統御の対象とみなして、どのような限界も技術の進化で克服できるという感覚がふつうになったところでは、さらには貨幣経済の浸透によって金さえあれば何でも手に入るという感覚が自明のものになったところでは、つまりはひとが独りの足では立てない「弱い」存在であることを忘れたところでは、「感謝」のこころは消え失せてゆく。ちょうど「生まれる」という受動形の動詞が、現在ではなんのためらいもなくまるで自動詞のように口にされ、「生まれる」ということばから「生んでもらった」という含みはほとんど消えてしまったように。

柳田國男がはるか昔に予言したように、近代社会では、貧困という共通の運命に共同であたった「共同防貧」のしくみが消えて、平均ではより豊かにはなれども個々の貧しいひとは「説くにも忍びざる孤立感」のなかでそれにさらされる「孤立貧」の時代がやってくる。「我々は公民として病み且《か》つ貧しいのであつた」と柳田はその著『明治大正史世相篇』を結んでいるが、かれがそれによって訴えたのは、いかなる困窮にあってもひとを孤立させてはならないという一事にほかならなかった。

人間は人間を超えたものに生きさせてもらっているという宗教的な心情にまでたどり着くことはなくても、じぶんの存在は他のひとの存在によって支えられているという感覚だけはなくしてはならない。しかもその支えはたえず反転する。支える者がいずれ支えられる側に回ることほど、ひとの一生を見るにつけ、あきらかなことはないとおもわれる。「恵み」への感謝の念はそのことを知ったときにはじめて生まれるものなのだ。

働くことの意味、ふたたび

ここで、働くことの意味について、あらためて問うてみたいとおもう。

仕事にひとは意味をもとめる。それをすることに意味を見いだせない仕事が苦痛以外のなにものでもないことは、かつてスターリンの時代に、バケツの水を別のバケツに移し、そのあとまた元のバケツに戻すという行為のはてしない反復が拷問として課されたことでもわかる。ところがその仕事の意味は仕事のなかですぐに見えるかというと、仕事の意味が、あるいは仕事をしているひとの顔が、あるいは仕事の結果がもつ意味が、とても見えにくいのが、現代社会のような高度にシステム化した社会の特質なのである。

就職の季節になって、「わたしにはいったいどんな仕事が向いているのでしょうか？」「他のひとになくてわたしにしかない才能や素質がわたしにあるでしょうか？」と訊ねてくる学生は少なくない。そうした学生にはこういうことにしている。会社に入ればみな、だれでもできる仕事しかさせてもらえない。だれでもできる仕事を工夫しながら丹念にくり返しているうちに、じぶん流のやり方を見つけ、また周囲にも認められるようになる。そうしてはじめて、他のひとにはできない仕事が生まれる。会社員のみならず、「職人」でも「先生」でも「お坊さん」でも、みなおなじことだ、と。

が、このことがなかなかわかってもらえない。「じぶんにしかできないこと」へのこだわりが最初にあるからだ。やりがいのある職種を、という気持ちはわかる。人間というのはやっかいなもので、「ただ生きている」ということができない存在だからだ。生きていることに、そしてじぶんがここにいることに、理由や意味を必要とするのが人間だ。うまく意味が見つかれば「生きがい」を感じ、元気が出てくるが、意味が見つからないと、生きていてもつまらない、生まれてこなかったほうがよかった、いっそのこと消えてしまいたい……と、しだいに落ち込んでゆく。「ただ生きている」ということじたいがしんどくなってくるのだ。だから、じぶんにもなにかはっきりとした意味を感じられるような仕事があるはずなのに、と思い煩うことになる。「これをするのがわたしでなければならない理由がほしい」というわけだ。

仕事の意味、働くことの意味ということでだれもがまず考えるものが二つある。ひとつは、他のひとのためになにか役立つということであり、いまひとつは「自己実現」できるということである。前者はいつの時代にも言われてきたことであり、後者は近年とくに言われていることである。

まずひとのために役立つということだが、これがなかなか見えにくいのが現代の職場だ。今日の社会では、生産から流通まで巨大で複雑なシステムのなかでおこなわれるので、じぶんの「労働」がどこのだれのために役立っているのか見えにくい。チームの営業成績に貢献しているところまでは見えても、たとえばじぶんがその部品の一つを作った製品をどこのだれがどんな顔をして買っているのかは見えない。そのうち、じぶん自身をその工程の一つの部品のように感じるようになる。

おなじように、じぶんの仕事が社会のなかでどういう意味があるのかが見えにくい仕事に家事という「不払い労働」がある。家事労働はたしかにプライベートな生活を維持するために不可欠のものではあるが、もっと広い社会のなかでの意味づけというのができない。子育てであればじぶんがいないとこの子は生きていけないというのっぴきならない感覚はあろうが、それも終われば料理・掃除・洗濯……と家事だけをくり返しているのが空しくなってくる。介護も加われば、ますますじぶんが家に貼りつけられて何もできないという思いがもっと強くなってくる。だから、社交とかサークル活動などでじぶんの存在の「社会性」を確認しようとする。しかしそれは「仕事」ではないから、しなくてもいいものという思いにつきまとわれ、やはり空しくなってくる。主婦の仕事には、「非労働」のなかでしかじぶんの社会性を感じられないというそんなあきらめがある。

意味への憑かれ

そこでひとは、じぶんをもっと生かせる仕事、そう、「自己実現」できる場所を求めることになる。「じぶんにしかできないこと」への過剰なまでのこだわりが前面に出てくる。けれども「自己実現」ほど実現しにくいものはない。

理由は二つある。

ひとつは、じぶんにしかないもの、たとえばじぶんの素質ないしは才能を生かそうにも、素質や才能は「じぶん」ではなくて「じぶんの特質」でしかないからだ。記憶力がいいとか協調性があると言っても、なにかの資格をもっていても、そういう人はじぶん以外にもいるわけで、つまるところそれらはじぶんが属している類型（タイプ）のことにすぎない。だから「わたしがそれをしていることの意味」はそこでは最終的に確認できない。

いまひとつは、仕事はけっきょく独力ではやりきれないからだ。どんな小さな仕事でも社会の複雑なネットワークのどこかに位置しないと全うできない。仕事を懸命にすればするだけ、「他人のおかげ」ということを思い知らされるのが、仕事というものだ。それを達成したとき、「自己実現」などという当初の目標じたいが空しく見えてくる。

とすれば、じぶんの「目的」ではなく「限界」にこそ向きあうことになるのが、仕事だということになる。もっと器用であれば、もう一つ身体があればもっと効率的に作業ができるのに……という身体的な条件でもいい。他人の力を借りないと何もできない……という社会的な条件でもいい。そういうひととしての「限界」をひしひしと感じながら、それでもひととしてしなければならないことをしているという感覚がもてたとき、わたしたちは働いているという実感に満たされることになるのだろう。

ひととしての「限界」に向きあい、それと格闘すること、そこに仕事の意味がある。演奏や創作、あるいは競技においては、そうした「限界」との向きあいは熾烈である。人びとがそれを畏れ、それに憧れることには、大きな理由がある。仕事をじぶんの可能性のほうからではなくじぶんの限界のほうから考えてみることは、仕事の意味をじぶんのほうからではなくその仕事がかかわる他人のほうからも考えてみることとともに、仕事について別のイメージを得るためにはとてもたいせつなことである。

本論でもふれたように、『人間の条件』のハンナ・アレントは、仕事の有意味性を、「ある目的のために」(in order to) と「それ自体意味のある理由のために」(for the sake of) との二つに区別した。この区別は、有用性 (utility) と有意味性 (meaningfulness) との区別と言い換えられていた。この有用性におけるテレオロジーがわたしたちの労働社会の中枢神経をなしてきたことを批判的に析出するために、meaningfulness という観念を utility に対置したのであった。しかしここであらためておもうように、意味のある活動で時間を埋めなければならないという、この労働フェテイシズムとも名づけるべき現代の「真空恐怖」——これはビジネス（business＝busy-ness）という、スマートな語感ではありながらあまりにも露悪的なことばで表現されてきた——に対置される meaningfulness もまた、文字どおり、別の〈意味〉に憑《つ》かれているのではないか。テレオロジカルな思考の外に出て、「それ自体意味のある理由のために」働くというときに、その「意味」ははたして「目的」以外のものでありうるのか。生産性（効率や利潤率）の論理に代わって、《意味への病》とでもいうべきものが、「自己実現」とか「達成感」といった別のかたちでそこに再浮上するだけではないのか。とすれば、仕事は、そうした有意味／無意味の彼方で、「意味」を超えて、問われるべきことがらだということになるのだろうか……。そのような問いがあらためて頭をもたげてくるのである。

　有用性ということに解消されない仕事は数多くある。家事に代表される他のいのちのケアという仕事、あるいはさまざまなヴォランティアの活動、こういう活動を「仕事」として位置づけうるために、わたしたちは《生産の鏡》から離れなければならない。このことは本論において確認した。が、それはただちに、たとえば意味の外部でただただからだを動かす悦びであるとか、何もしないでただ横にいるだけの仕事とかといったような、《意味の彼方》へおもむくことを意味するわけではない。そこにもなんらかの意味を見いだそうとするほど、わたしたちの《意味への病》は根深い。つまり、《生産の鏡》に代わる別の鏡をおそらくは求めるのだ。アレントのことばにあったような「それ自体意味のある理由」を。

呼びかけられているということ

ドイツ語で「職業」のことは Beruf といわれる。rufen（呼ぶ）に由来することばで、「召喚」や「使命」といった意味もある。英語でも、「職業」のことを calling（天職、使命）と呼ぶことがある。「使命」や「布教」「伝道」を意味する mission ということばを用いることもある。他者から呼びかけられていること、求められていること、そこに仕事の意味を見いだす考え方である。これをいいかえれば、これは「するにあたいすること」か、これを「わたし」がすることにほんとうに意味があるのかといった、「自己実現」や「達成感」を問わずにいられないという心情の、いわば対極にある考え方である。

ここにも意味への憑かれは見てとれる。「他者による召喚」という意味づけ、つまりは、わたしのすることが他者の存在にとって意味があるという了解の仕方である。自己のいとなみの固有性を、自己了解という、自己による意味づけのうちに探るのではなく、他者による、それこそ固有名での呼びかけに呼応するところに探る考え方である。そしてじっさい、たがいにそれぞれの心身の調子をおもんぱかり、それぞれに特異な者を特異なままに認め、時に応じて代わりになるというかたちで助け合えること、そういうケアや支援のヴォランティアにじぶんの活動の意味を探りあてようとしている人びとは多い。

なぜこのような動きが生まれてきているのか。「資格社会」の進行ということがその理由のひとつと考えられる。緊密に、そして大規模にシステム化された社会というのは、「資格」が問われる社会である。人びとの生活の細部まで支えているシステムを維持するために——食べるという、生きるうえでもっとも基礎的ないとなみですら、飼育・栽培、製造・調理、流通・販売の複雑なシステムにそっくり組み込まれてしか成り立たなくなっているのが、現代の生活だ——、それにふさわしい行動の能力が求められる。システムが複雑化するというのは、そういう行動能力の育成に複雑なプロセスが必要になるということである。

そのなかで「資格」というものが生まれてくる。「資格」とは、「もしAができれば、次にBができる」という階段のようなもので、Aの条件を満たしていなければBに進めないどころか、その場で「不要」の烙印を押される。あなたの存在は必要ない、と。だからじぶんの子どもが将来こういう惨めなことにならないよう、親たちは子どもにごく幼いころから教育を受けさせる。「これをちゃんとやったらこんどの日曜日に遊園地に連れていってあげるからね」から「こんな点数をとるのはおれの子じゃない」まで、さまざまな強迫の言葉を向けながら、である。このようにして、「もし……できれば」という条件の下で、じぶんの存在が認められたり認められなかったりするという経験を、子どもはくりかえしてゆく。じぶんの存在はひとに認められるか認められないかで、あったりなかったりする、そういうものなのだ、という感情をつのらせてゆく。

これをいいかえれば、じぶんというものに「なる」途上にいる子どもたちにとっては、じぶんが「いる」に値するものであるかどうかという問いを、ほとんどポジティブな答えがないままに、恒常的にじぶんに向けるようになるということである。じぶんというものの「死」に、それとははっきり意識しないまま触れつづけるということである。

このような塞いだ気分のなかで、子どもたちは何もできなくてもじぶんの存在をそれとして受け容れてくれるような、そういう愛情にひどく渇くことになる。つまり、なんの条件もつけないで「このままの」じぶんを認めてくれる他者の存在に渇くということである。「できない」子どもだけではない。「できる」子どもも、あるいは「できる」子どものほうが、上手に「条件」を充たすさなかに、もしこれを充たせなかったら……という不安を感じ、かつそれを（かろうじて？）上手に克服しているじぶんを「偽の」じぶんとして否定する、そういう感情を内に深く抱え込むようになる。だから、子どもたちや一〇代のひとたちは、じぶんをじぶんとして「このままで」肯定してくれる友だちや恋人を、これまでのどの時代よりも強く求めているようになっている……。じぶんの存在を肯定できるかどうか、そのことじたいに大きな不安を感じざるをえないのが、「資格社会」の魂の光景のようにおもえてならない。

おそらく働くことの意味は、そういう地平で見えたり見えなくなったりするものなのだろう。ときに意味の彼方へとその悦びが突き抜けてしまうこともあるにしても、働くことに意味を求めるという心性は止むことがないだろう。が、その意味づけが、「目的」から（「資格」とは別のかたちの）「肯定」へと、あるいは自己の将来像から他者たちとの関係のあり方へと、大きくスライドしつつあるのが、現代の仕事の光景ではないか。

「われわれは公民として病みかつ貧しい」

ここでわたしたちはいまいちど、「われわれは公民として病みかつ貧しいのであった」という柳田國男のことばを思い出したい。「無縁社会」の議論がしばらく前に沸騰したときに、わたしが思い起こしたのも「孤立貧」の拡散を危ぶむこのことばであった。

血縁、地縁、社縁は、戦後社会において、困窮する個人をぎりぎりのところで孤立させないための保護膜のようなものとして、ときにさまざまの綻びをみせつつも、長らく人びとを包み込んできた。包み込んできたと書いたが、それは真綿のようにやさしいものではなく、とくに若い世代にはむしろ鬱陶しい包囲網のようなものとして甘受されてきたこともたしかである。核家族、マンション生活、プライヴァシーの確保といったかたちで、血縁・地縁・社縁という三つのしがらみから、むしろ逃げだそうとしてきた。が、現代、人びとはたがいに過剰なまでに分断され、孤立しているという時代認識から、保護膜としてのコミュニティを再構築しなければ人びとはもたないという意見が、このところつとに主張されるようになっている。

退社したあと、解雇されたあとの長い日々。鋼鉄のドアで遮断され、近所との行き来も（そしてそのための蓄えも）乏しく、縁、つまりいざとなったらいつでももたれかかることのできる支えあいの仕組みから、はじき出された高齢の単身者の生活。そこでは保護膜は容易に修復しがたく破けている。

孤立への怖れはしかし、高齢者だけでなく、若い世代のこころをも深く蝕んでいる。長びく不況のせいでまともな就職ができず、低所得の非正規労働や派遣の仕事がつづき、非婚の生活を余儀なくされる。かれらは縁を紡ぐ機会そのものを殺がれている。

が、その保護膜を、血縁・地縁・社縁という三つのコミュニティの復活というかたちで取り戻そうとはしない。できない。そのコスト、そのしがらみがあまりに重く、ねばついているという、苦い思いがあるからだ。縁はみずから紡いでゆくほかないとはいえ、そのチャンスがたやすく見つかるわけでもない。縁を紡いでゆくにはそれなりのエネルギーと資力とが要る。じぶんでそういう縁という生のコンテクストを、あるいはネットワークを編みだしてゆくことができずに、ただうずくまっている人びとを見聞きし、わたしはこの社会がいつのまにこんなに脆弱になってしまったのかと呆然となる。

しかし、とおもう。無縁はかならずしもつねに個人の遺棄や孤立をのみ意味するわけではないからだ。いまは亡き中世史家、網野善彦は、人類は人びとを管理し、領有する国家的な原理とは別に、それとは異なる社会的原理を育んできた。それが「無縁」、より正確にいえば「自覚化された」無縁の原理だという。そして、芸能や宗教などひとの魂を深く揺るがすような文化は、無縁の場——だれにも所有されていない場所であり、アジール（避難所）ともいえる場所である——に生まれ、無縁のひとたちによって担われてきたという。

それは言ってみれば、この世のしがらみとしての縁が解除される場所であり、都市とは、あるいは宗教施設とは、元来そういう場所として人びとが求めてきたものである。

西洋近代の「自由」や「平等」の思想も、王権や領主との厳しい闘争のなかであえておのれを無縁化するというかたちで獲得されたものだといえる。都市における自由とは、だれもが匿名でいられる自由のことである。しかしというか、だからというか、その自由は深い「孤独」に耐えうるような強さをわたしたちに求める。自由とはある種、苛酷なものでもあるのだ。

そしてその苛酷さにおしひしがれたときに人びとが駆け込んだ場所のひとつが、都市のなかの「自覚化された」無縁の場、つまり寺院であった。いかなる縁もたよりにせずとも、名や境遇を告げることがなくても、そのままで受け容れられる場所である。言ってみれば「無縁の縁」の場所である。

わたしにはまだよくわからないが、血縁・地縁・社縁を外れたところで、それぞれがたんなるワン・オブ・ゼムとして参加するヴォランティアの活動、あるいは匿名のままで交通しあうネット社会、そこに現代における「無縁の縁」へのやみがたい欲望を見いだすことができるのかもしれない。いずれにせよ、わたしたちは従来のしがらみとしての縁を超えたところで「無縁の縁」を紡ぎだすその行程について、考えてみる必要があるだろう。それがふたたびしがらみに転落することは、なかなかに止めえないにしても。

リスポンシビリティという感覚

「責任」ということばは、たいていは大声で口の端にのぼりがちなものである。「自己責任」という考え方がそうであり、だれも責任をとらない政治や、不正をくり返す企業への人びとの苛立ちが、謝罪会見という名の「責任追及」の儀式を厳しいものにしていった。責任の所在が複雑で見えにくいこと、あるいは責任を逸らす言辞の蔓延。そうした状況のなかで、人びとの苛立ちは飽和状態にいたる。だれかが責任をとるよりほかなくなったのである。このようにこれまで「責任」という言葉には、「とらされる」「とらざるをえない」といった受け身の響きがあった。

そこに登場したのが、もはや旧聞に属することではあるが、米国のオバマ大統領の、進んで引き受ける「責任」というアピールだった。オバマ大統領がその就任演説の最後のところで、「新しい責任の時代」というスローガンを口にし、「米国民一人ひとりが自身と自国、世界に義務を負うことを認識し、その義務をいやいや引き受けるのではなく喜んで機会をとらえること」を訴えた。「責任」と「義務」。なんとも古めかしい「倫理」の徳目が持ちだされているようにみえるが、このことばに、あのケネディ大統領の就任演説のなかの有名なことばを重ねあわせ、懐旧の思いでふれたひともきっと少なくない。――「そして、わが同胞のアメリカ人よ、あなたの国家があなたのために何をしてくれるかではなく、あなたがあなたの国家のために何ができるかを問おうではないか。わが同胞の世界の市民よ、アメリカがあなたのために何をしてくれるかではなく、われわれと共に人類の自由のために何ができるかを問おうではないか」。このことばによって、J・F・ケネディは、じぶんがなすべきことを、じぶんが何をしたいかというほうからではなく、じぶんが何を求められているかというほうから考えようと呼びかけた。

オバマ大統領が掲げた「責任」ということば、英語でそれにあたるのは、

responsibility である。この語には、日本語の「責任」という語からは感じられない独特の含意がある。リスポンシビリティとは、直訳すれば、リスポンドできるということ、つまり、他者からの求めや訴え――それは神からの呼びかけでもありうるし、同朋たちからの求めやうながし、期待や訴えでもありうる――に、応える用意があるということである。先に見たように、欧米のひとたちは伝統的に、ひととしての「責任」を、他者からの呼びかけ、うながしに応えるという視点からとらえてきた。この他者はかれらにとっては神でもありうる。だから職業のことを、とくに使命や天職の意味を込めて、コーリング（calling）と呼んだのだった。まさに神からの呼びだしに応じることとして。

日本語の「責任」にそのような含意はない。「責任」といえば、国家の一員としての責任、家族の一員としての責任というふうに、組織を構成する「一員」として果たさねばならないことがらを思い浮かべる。それは匿名の役柄における責任であって、まぎれもないこのわたしがいまだれかから呼びかけられているという含みはない。

リスポンシビリティの語源をたどってゆくと、ラテン語の re-spondēre に行き着く。この語は、「約束する」という意味の spondēre に「繰り返し」や「送り返し」を意味する re という接頭辞がついたものである。つまり re-spondēre は「約束し返す」という意味である。リスポンドにみられる「応じる」や「応える」という意味はそこから出てきた。

「責任」という重いことがらではなくても、日常のちょっとしたことにも、「応える」ことの重要性はいろいろ見いだせる。たとえば挨拶。ひとが「おはようございます」と挨拶しても、なんのリスポンスも返ってこないことほど気が殺がれるものはない。「おはよう」に「おはよう」と応じないひと、応じることのできないひとに、ときどき遭遇することがある。ここで「おはよう」に「おはよう」と応じることには大きな意味がある。これから生まれるあなたとの語らいにわたしも喜んで参与する気持ちがあるということの表明だからである。「おはよう」と応じないときは、あなたとは話したくないという意思表示になってしまう。このときの「おはよう」というリスポンスは、たんなる挨拶ではなく、呼びかけへの応答という意味をもっているのである。そしてたいていの会話はそういう呼びかけとその受諾の言葉の交換から始まる。ひとは話しかけられるから応えるのであり、応えがあるからさらに話しかける気にもなるのだ。

考えようによっては、阪神淡路大震災のあと、空前のヴォランティア・ブームが起こったときに人びとがとっさに抱いたのは、この、いまじぶんが呼びだされているという感覚ではなかったのかとおもう。仮設の避難所に遠くからおもむいたひとたちは、じぶんはだれも知らないちっぽけな存在だけれど、そして会社でもいつも何をやっても「あたりまえ」、とくに評価されるわけではないけれど、ここでは「ああ、また来てくれたんやね」と、他とは違うこの〈顔〉として認められ、たどたどしいけれどまぎれもなくこのわたしの言葉で話すことができる。ねぎらいあうことができる。そのとき、人びとがもしその動機を訊かれたら、「責任」ということばは持ちだしにくくても、「リスポンシビリティ」ということばに対応することばが日本語にあれば、きっとそれで表現したことだろう。

もちろん、名ざしで呼びだされている者としてじぶんを意識するということには危うい面もある。他のだれでもなくこのじぶんが何者かからとくに召喚されているという意識が過大なまでに膨らんで、じぶんを他に優って嘱望された人間、つまりはエリート（選良）と考えてうぬぼれてしまいもするからだ。あるいは逆に、つねに他人による評価と称賛を求め、ときに卑しいばかりに他人に取り入ろうとするからだ。ここでは、このじぶんという意識が、ほかならぬこのじぶんという意識というかたちで、方向を誤って、他者の否定につながってしまっている。

「責任」についてわたしたちに再考をうながす、そうしたきっかけを国民一人ひとりに向けて送り届けたというその一点で、オバマ大統領の就任演説のことばは、すくなくとも宛先は明確であった。

このリスポンシビリティという語がわたしたちに示唆するいま一つのものは、「勤め」と「務め」をばらす感覚だとおもう。長寿化とともに、会社で一生勤め上げるというよりも、勤め人としての生活は人生の半分と考え、それよりもはるかに長い人生を俯瞰してものごとをなす、つまり個としてのじぶんの「務め」を探るという感覚である。

世の中を見渡せば、税金を、あるいはサービス料をちゃんと払っているのだから、わたしには落ち度はないと、役所や企業に猛烈な苦情をぶつける「クレーマー」ばかりがめだつ。「クレーマー」は他者の責任を問いつめるが、そのクレームが「もっと安心してシステムにぶら下がれるようにしてほしい」という受け身の要求であることに気づいていない。

支えあいなしにひとは生きていけない。その支えあいがサービス業務としてシステム化されてゆくプロセスは、各人が自活能力を一つ一つ失ってゆく過程でもある。そのことに気づいたひとは、社会のシステムに生活をそっくり預けるのではなく、目に見えるまわりの他者とのあいだで心くばりや世話をいつでも交換できるようにしておくのが、起こりうる危機を回避するためにはいちばん大事なことだと知っている。他者の小さな声に“Can I help you?”とすぐに応じることができるひとたちである。「リスポンシビリティ」はそのように地べたから立ち上がるのでなければ、根なし草になってしまう。

最後に一言

右肩上がりでない時代のひとたちは、つねに次の世代のこと、子孫のことを案じていた。災害や事故が起こると、回復できないほどのダメージを受けるからである。右肩上がりで育った時代のひとたち、とくに富国強兵、戦争特需を経て、とりわけ戦後の高度成長期以降に育ったひとたちは、明日は今日よりもっとよくなると根拠なく信じていて、だからいまをなんとかしのげば、なんとかやりくりできれば、それでどうにかなると考える。技術力に支えられた経済発展がかならず問題を解決してくれる、これまでそうだったように……というふうに考える。だから、資源が限られているのを知っているのに、それを節約して残そうとしない。原発に万が一のことがあった場合、廃炉のためにもすさまじい経費がかかるのに、それを後の世代に押しつける。若いひとたちの就職状況は前例のないほどに苛酷であっても、高度成長を生き抜いてきた世代は定年延長し、定年後も活躍の場を求める。そうした結果として若い世代の就職口を減らしてゆく。労働市場は、将来世代をいまの状況の関係者・当事者として数え入れようとしない。

右肩上がりの時代は二度と来ない、そういう状況で仕事に就く、あるいは希望の仕事に就く機会を与えられない、現代の若者たちの状況をめぐって深く憂えている経済学者の玄田有史さんから、先日、おもしろい話を聴いた。

プロ野球の選手をめざしていたある高校生が、独立リーグでプロ選手としての経験をしたあと、芝植えの職人に転身したという。そのきっかけは、独立リーグでくすぶっているときに知人が問いかけた一言にあったという。——「どうして野球選手に憧れたの？」

その問いかけに、中学生の頃、野球にのめり込みはじめたときのあの球場の芝生の感触が突然こみ上げてきた。それでその感触を、野球にのめり込む後輩たちの心に、あるいは身体に、きちっと刻みつけてあげたいと、芝生職人になる道を選んだのだということ。いってみれば「希望の修正」である。希望を編みなおしたのである。そんな話をしてくれたあと、玄田さんはつづいてこう切りだした。「独立リーグというのは、プロ選手をめざして研鑽してきたけれど、結局うまくゆかず、しかしそれでもプロ選手になる夢を棄てきれないひとたちに、うまくケリをつけさせてあげる、そんな装置なんです」。

「ケリをつけさせてあげる」というのは、なんともうまい表現である。ひとつのことが終わらないと、次のステップに足をかけられないからだ。あるひととの関係にいったんケリをつけないと、次の別のひととの関係に入ってゆけないように。失恋、離婚、家族崩壊あるいは再生、失職と転職……。人生は節目をつけることなしには前に進めない。

希望のない人生というのはたぶんありえない。そして希望には、遂げるか、潰えるかの、二者択一しかないのではない。希望には、編みなおすという途《みち》もある。というか、たえずじぶんの希望を編みなおし、気を取りなおして、別の途をさぐってゆくのが人生というものなのだろう。働くことにはつねに意味への問いがついてまわるが、その意味とは、たえず語りなおされるなかで摑みなおされるほかないものなのであろう。〈務め〉というのも、この時代、その語りなおしをきっと後押ししてくれることばのひとつであろうとおもう。

注

第一章

（1）藤村正之「overview・仕事と遊びの社会学」（『岩波講座《現代社会学》20・仕事と遊びの社会学』一九九五年）、一九一頁。ちなみに、労働省職業安定局編『中期雇用ビジョン』（大蔵省印刷局発行、一九九五年）によると、一九九三（平成五）年のわが国における労働者一人あたりの年間総実労働時間は一九一三時間（うち所定内労働時間一七八〇時間、所定外労働時間一三三時間）である。戦後もっとも労働時間の長かった一九六〇（昭和三五）年で、総実労働時間は二四三二時間であった。

（2）「進歩」の観念と西欧近代社会の歴史意識との内面的な関連については、野家啓一「時計仕掛けの進歩」（今村仁司責任編集『トランスモダンの作法』リブロポート、一九九二年）が、近代日本におけるその特異な受容のしかたとともに、問題をじつに明快に提示している。

（3）山のあなたの空遠く／「幸」住むと人のいふ／噫、われひとゝ尋めゆきて／涙さしぐみかへりきぬ／山のあなたになほ遠く／「幸」住むと人のいふ（上田敏訳）

（4）Ch・ボードレール『巴里の憂鬱』（三好達治訳）、新潮文庫より。

（5）R・バルト『モードの体系』（佐藤信夫訳）、みすず書房、一九七二年、第一九章以下参照。

（6）I・カント『人間学』（坂田徳男訳）、岩波文庫、第一部第二篇「趣味に関する人間学的注意」参照。

（7）『ジンメル著作集』第七巻・『文化の哲学』（円子修平・大久保健治訳）、白水社、一九七六年、四一頁以下。

（8）ついでにいえば、二〇世紀に入って、〈危機〉ということばが、西欧の文明批評のなかに異様なほど頻繁に姿を現わしてくる。シュペングラー、フッサール、オルテガ、さらにはハックスリ、オーウェルらをもふくめれば、二〇世紀の文明批評は危機意識なしにはありえなかったといってもいいくらいだ。少々穿った見かたをすれば、いまじぶんたちは未曾有の危機に瀕しているという危機意識を喚起しないでは維持できないという、近代社会の特殊な構造がそこに映しだされているのかもしれない。

(9) M・ヴェーバー『プロテスタンティズムの倫理と資本主義の精神』(大塚久雄訳)、岩波文庫、四〇頁以下参照。

(10) J・ロック『市民政府論』(鵜飼信成訳)、岩波文庫、第四六節。

(11) L・シュトラウス『自然権と歴史』(塚崎智・石崎嘉彦訳)、昭和堂、一九八八年、二五五頁。

(12) ロックの所有論については、かつて「所有と固有——ジョン・ロックの《所有》論をめぐって」(『季刊 iichiko』No. 29 [1993], No. 30 [1994])という論稿において、不十分ながらも論じたことがある。

第二章

(1) 『ミセス』一九八八年二月号の特集「〃豊かさ〃って何だろう」のアンケート調査では、豊かさと貧しさのイメージについて興味深い回答が寄せられている。

「日本の豊かさの象徴は?」という質問にたいしては、「ゴッホのひまわりの取得」「四十グラムそこそこで五万円もする化粧クリーム」「成人式の振り袖、海外旅行の女子大生の華やかさ」「粗大ゴミ捨て場」「子どもの受験、進学にかける親の熱意と金と暇」「商品の過剰包装」といったアイロニカルな回答が、また「貧しさ」の象徴については、「道端でゴルフの素振りに熱中しているお父さん。ラッシュアワーにもまれるお父さん。単身赴任のお父さん。カラオケバーで、ささやかなストレス解消をするお父さん」「台所の窓から、隣の家のトイレの窓がすぐ目の前に見える住宅」「特別養護老人ホーム入所希望者の順番待ち」といった涙ぐましい回答が続く。暉峻淑子『豊かさとは何か』岩波書店、一九八九年、七一頁以下。

(2) 「だから」とマルクスはつづける、「彼の労働は、自発的なものではなくて強いられたものであり、強制労働である。そのため労働は、ある欲求の満足ではなく、労働以外のところで諸欲求を満足させるための手段であるにすぎない。……労働者の活動は他人に属しており、それは労働者自身の喪失なのである」と。K・マルクス『経済学・哲学草稿』(城塚登・田中吉六訳)、岩波文庫、九一頁以下。

(3) この点については、第四章・2「〈ヴォランティア〉というモデル」で、いま少し立ち入って論じる。

(4) K・マルクス『資本論』第一巻第三篇第五章参照。

(5) A・スミス『国富論』(玉野井芳郎・田添京二・大河内暁男訳『世界の名著』31、中央公論社、一九六八年)第一篇第五章。なお、傍点は引用者による。

(6) J・ボードリヤール『生産の鏡』(宇波彰・今村仁司訳)、法政大学出版局、一九八一年、二六頁以下。

(7) 注(6)、ボードリヤール、二六頁。

(8) 柄谷行人『日本近代文学の起源』講談社、一九八〇年、V「児童の発見」参照。

(9) そこに、「あらゆる記号が相対的関係におかれるという地獄」をみるのは、ボードリヤールである。「一切の指向対象を失った記号表現の眩暈ときらびやかな美しさ」の世界、それがモードである。「モードの記号には、もはや内在的規定が存在しないので、際限なく置き換えられたり、入れかえられたりすることが可能となる」。つまり、「あらゆる様式の価値が比較可能」となり、記号として循環しはじめるというわけだ。J・ボードリヤール『象徴交換と死』(今村仁司・塚原史訳)、筑摩書房、一九八二年、第三部「モード、またはコードの夢幻劇」参照。

(10) 注(6)、ボードリヤール、一六頁以下。

(11) 同(6)、ボードリヤール、一七頁。

(12) 今村仁司『仕事』弘文堂、一九八八年、一六七頁。

(13) S・ヴェイユ『工場日記』(田辺保訳)、講談社学術文庫、二一七頁以下。

(14) 藤田省三『全体主義の時代経験』みすず書房、一九九五年、に収録されている。

(15) 邦訳は『監獄の誕生』(田村俶訳)、新潮社、一九七七年。

(16) 篠原資明「機械の美学」（今村仁司責任編集『トランスモダンの作法』リブロポート、一九九二年）、九三頁以下。

(17) M・ホルクハイマー／Th・アドルノ『啓蒙の弁証法』（徳永恂訳）、岩波書店、一九九〇年、一三六頁。

(18) 邦訳は『欲望の現象学』（古田幸男訳）、法政大学出版局、一九七一年。

(19) R・ボウルビー『ちょっと見るだけ――世紀末消費文化と文学テクスト』（高山宏訳）、ありな書房、一九八九年、四三頁以下。

(20) J・ボードリヤール『消費社会の神話と構造』（今村仁司・塚原史訳）、紀伊國屋書店、一九七九年、二五二頁。

(21) 注(20)、ボードリヤール、一九一頁以下。

(22) B・グラスナー『ボディーズ――美しいからだの罠』（小松直行訳）、マガジンハウス、一九九二年、二六八頁。

(23) 注(22)、グラスナー、二五四頁。

(24) 注(22)、グラスナー、二七二頁。

(25) ファッションにおける身体の加工・変形への心性にかんしては、拙著『最後のモード』人文書院、一九九三年、Ⅱ「身体の世紀末」を参照いただきたい。

(26) 内田隆三『消費社会と権力』岩波書店、一九八七年、第一章参照。

第三章

(1) D・リースマン『何のための豊かさ』（加藤秀俊訳）、みすず書房、一九六八年、四七頁。

(2) 注(1)、リースマン、六五頁。

(3) 注(1)、リースマン、五四頁。

(4) 注(1)、リースマン、五頁。

(5) 山崎正和『近代の擁護』PHP研究所、一九九四年、九九頁。

(6) C・ギアーツ「ディープ・プレイ――バリの闘鶏に関する覚え書き」（『文化の解釈学Ⅱ』〔吉田禎吾・柳川啓一・中牧弘允・板橋作美訳〕）、岩波書店、一九八七年、所収。

(7) 注(6)、ギアーツ、四三六頁。

(8) 注(6)、ギアーツ、四三八頁。

(9) 緊張が増大するにつれて、意識のレヴェルでの知覚は著しく減少し、サブリミナルな刺激にたいして敏感で無防備な状態になっていく。そういう心的メカニズムを利用した誘導テクニックについては、ウィルソン・ブライアン・キイの『メディア・セックス』(原題はMedia Sexploitation 植島啓司訳)、リブロポート、一九八九年、がくわしく報告している。

(10) ミハイ・チクセントミハイ『楽しみの社会学』(今村浩明訳)、思索社、一九七九年、二三七頁。

(11) 注(10)、チクセントミハイ、一二六頁。

(12) R・カイヨワ『遊びと人間』(多田道太郎・塚崎幹夫訳)、講談社学術文庫、六〇頁以下。

(13) ドイツの哲学者、ベルンハルト・ヴァルデンフェルスは、現象学という視点から、わたしたちの行動における「遊びの空間」に注目した論考を数多く発表している。cf. Bernhard Waldenfels, Der Spielraum des Verhaltens, Suhrkamp, 1980. そのいくつかは『行動の空間』(新田義弘他訳)、白水社、一九八七年、のなかに訳出されている。

(14) 「からだが危ない」というときの「危うさ」の意味については、以前に「パニック・ボディ」という題で論じたことがある(現代風俗研究会編『アブない人体』リブロポート、一九九四年、参照)。また、パニック状態にある現在の身体については、Arthur & Marilouise Kroker (eds.), Body Invaders, Sexuality and the Postmodern Condition (Macmillan Education Ltd., 1988)に、刺激的な論考が数多く収録されている。

(15) 九鬼周造「音と匂」(『九鬼周造随筆集』)、岩波文庫、一四八頁。

(16) 拙稿「ぼくらはいつから手をつながなくなったんだろう」(きりんのつぶやき・9)、『ペンギン』第一〇号、SEG出版、一九九五年、でこの点について感想をのべた。

(17) 田村俶「『監獄の誕生』について――フーコー覚書」(『監獄の誕生』新潮社、一九七七年)における引用から。

(18) この点については、拙著『分散する理性』に収録された拙論「日常の藪のなかで――《日常性》の解釈と批判」でくわしく論じた。また、カレル・コシーク『具体性の弁証法』(花崎皋平訳)、せりか書房、一九六九年、九〇頁以下でもこの点が論じられている。
(19) H・アレント『人間の条件』(志水速雄訳)、ちくま学芸文庫、二四五頁以下。
(20) 注(19)、アレント、二四六頁。
(21) この点については、拙論「方法の臨界――〈純粋〉というトポスの不可能性とハイブリッドな思考の可能性」(『岩波講座現代思想』第二巻、一九九四年)を参照いただければさいわいである。
(22) 注(19)、アレント、二四七頁。
(23) 注(5)、山崎、一一七頁。

第四章

(1) 第一章注(1)、藤村、一八九頁。
(2) 第三章注(19)、アレント、八七頁以下。
(3) 吉本隆明「わたしが料理を作るとき」(『背景の記憶』宝島社、一九九四年)、一八三頁以下。
(4) M・セール『五感』(米山親能訳)、法政大学出版局、一九九一年、五六二頁。
(5) 食肉を得るための屠場が、じぶんの都市のどこに設置されているかを知っているひとが、はたしてどれくらいいるだろう。
(6) おしゃれとしての料理とともに、最近ではおしゃれとしての排泄もある。じぶんの排泄物が臭わないよう、消臭剤を服用するのがOLたちの近年のちょっとした「エチケット」になっているらしい。かとおもえば、少女たちのあいだでは「うんち」のクッキーや目黒寄生虫館などが流行っている。「うんち」のクッキーについては、『すばる』一九九五年一一月号で「きれいはきたない」という題で感想をのべた。
(7) 柏木博『家事の政治学』青土社、一九九五年、二六七頁以下。
家事の商品化、外部化とともに、「生きて生活している環境がいささかも自らの存在の根拠とはならないという、漠然とした存在論的な不安」が生まれてきたという、柏木の指摘は鋭い。「若い主婦は地縁の制度や大家族のしがらみから解放されはしたが、そこに住まなければならない根拠も何もなかった」。量産化された郊外住宅、そしてそこでの生活モデルをテレビの人気ホームドラマがイメージとして提示するという、一九五〇年代合衆国の大きなトレンドの裏に、柏木はそういう不安を読み込む。
(8) 第一章注(1)、藤村、一九二頁。
(9) 第三章注(1)、リースマン、四八頁。あるいは、シェークスピアのなかにこんな台詞がある。「ちぇっ! こんな静かな生活なんて。おれはworkが欲しいんだ。」(『ヘンリー四世』第一部第二幕第四場)
(10) 第一章注(1)、藤村、「overview・仕事と遊びの社会学」一九九頁。
(11) 「他者の他者」としての「自己」の規定については、R・D・レインの『自己と他者』(志貴春彦・笠原嘉訳)、みすず書房、一九七五年、がくわしく分析している。また、ヘーゲル『精神現象学』における「承認」(Anerkennung)の概念も参考になる。
(12) 野田正彰、『読売新聞』一九九五年二月一二日付朝刊。
(13) 中井久夫編『1995年1月・神戸――「阪神大震災」下の精神科医たち』みすず書房、一九九五年、四二頁。
(14) 「見られるもの」としての顔ではなく、「呼びかけ」ないしは「訴え」としての顔については、拙著『見られることの権利――〈顔〉論』(メタローグ、一九九五年)のなかで主題的にあつかっている。
(15) 第三章注(5)、山崎、七〇頁以下参照。
自己表現のステージの一例としては、駐車場における次のようなある意味で単純な労務を挙げることもできる。「そりゃ少しはからだをまっすぐにして、ハンドル持ってふんばるさ。でも必ず決まった場所に入れる。片手でひと回し。両手は使わない。絶対にドアはあけない、車を止めようとしてドアをあけたりしない。わしは絶対に頭を窓から出したりしない。バックミラーをつかうだけだ。だからみんなわしのことを、『われらが魔法使いのアル、ひと回しのアル』なんて呼ぶ。……わしはベストの一人だぜ」(ジョナサン・グラバー『未来世界の倫理』〈加藤尚武・飯田隆監訳〉、産業図書、一九九六年、一八六頁。
(16) 第三章注(5)、山崎、八八頁以下。
(17) ここで「自己を閉じる」というのは、じぶんの所有物のシリーズ性のうちに、自己の同一性の代理物をもとめるという性向とかさなる。J・ボードリヤールは、商品経済のシステムのもとでは、人びとはみずからの同一性を、商品という物質的な属性のかたちで、つまりは自己のナルシス的な等価物として保有しようとするのだとし、そういうコレクションの情熱のなかに、近代的な所有願望にひそむフェティシズムと肛門サディズムの傾向をかぎつける。『物の体系』（宇波彰訳）、法政大学出版局、一九八〇年、一二二頁以下参照。

(18) たとえば、J・ロック『人間知性論』（第二版）の第二巻第二七章「同一性と差異性について」における人格の同一性の根拠について論じている箇所を参照されたい。

(19) 西欧近代の所有論は、たいていのばあい、所有権（プロプリエテ）の概念を、あるものをじぶんの意のままに処理してよいという権利、つまり自由処理権（ディスポニビリテ）の概念と等置している。じぶんのものであり、他人にわずらわされずにじぶんのおもうままに処理できるという点に、「プロプリエテ」が〈所有〉と〈固有〉――両者は本来、交換可能なものと交換不可能なもの（かけがえのないもの）という意味で対照的な概念のはずである――とを同時に意味する事情がうかがえる。

(20) 注(11)、レイン、一〇〇頁。

(21) S・キェルケゴール『死に至る病』（斎藤信治訳）、岩波文庫、一二六頁。

(22) M・ピカート『騒音とアトム化の世界』（佐野利勝訳）、みすず書房、一九七一年、一四〇頁以下。

(23) 注(22)、ピカート、一三八頁。

(24) ピカートがこれほどまでに否定的にとらえた事態を、カナダの情報学者、マーシャル・マクルーハンは逆に、わたしたちの感覚体制の創造的な組み換えのプロセス、つまり〈内部破裂〉として、ポジティヴにとらえる（『メディア論』〔栗原裕・河本仲聖訳〕、みすず書房、一九八七年、参照）。

(25) 注(15)、グラバー、一九三頁。

(26) 『マルセル著作集』4・『旅する人間』（山崎庸一郎・白井健三郎・伊藤晃訳）、春秋社、一九六八年、三三二頁。

(27) ちなみに、〈実存〉(existence) はまた〈脱自〉(ex-sistere〔外に立つ〕) ということでもある。

(28) 注(26)、マルセル、八七頁。この講演「希望の現象学と形而上学にかんする草案」のなかで、マルセルは、「希望は、時間のなかに穿たれた突破口であり、〔そこでは〕あたかも時間は、意識をぴったりふさいでしまうかわりに、おのれを貫いてなにものかをそとに連れ出してくれるかのようにすべては進行する」とものべている。

本書の原本は、一九九六年、岩波書店より刊行されました。

鷲田清一（わしだ　きよかず）

1949年生まれ。京都大学文学部哲学科卒業，同大学院文学研究科哲学専攻博士課程修了。関西大学，大阪大学で教授を務める。前大阪大学総長。現在，京都市立芸術大学学長。専攻は哲学・倫理学。著書に『現象学の視線』『モードの迷宮』『じぶん・この不思議な存在』『メルロ＝ポンティ』『「聴く」ことの力』『「待つ」ということ』ほか多数。

講談社学術文庫

定価はカバーに表示してあります。

だれのための仕事《しごと》

労働《ろうどう》 vs 余暇《よか》を超《こ》えて

鷲田《わしだ》清一《きよかず》

2011年12月12日　第1刷発行
2020年4月23日　第12刷発行

発行者　渡瀬昌彦
発行所　株式会社講談社
東京都文京区音羽 2-12-21 〒112-8001
電話　編集（03）5395-3512
販売（03）5395-4415
業務（03）5395-3615

装　幀　蟹江征治
印　刷　豊国印刷株式会社
製　本　株式会社国宝社
本文データ制作　講談社デジタル製作

ISBN978-4-06-292087-2

「講談社学術文庫」の刊行に当たって

これは、学術をポケットに入れることをモットーとして生まれた文庫である。学術は少年の心を養い、成年の心を満たす。その学術がポケットにはいる形で、万人のものになることは、生涯教育をうたう現代の理想である。

こうした考え方は、学術を巨大な城のように見る世間の常識に反するかもしれない。また、一部の人たちからは、学術の権威をおとすものと非難されるかもしれない。しかし、それはいずれも学術の新しい在り方を解しないものといわざるをえない。

学術は、まず魔術への挑戦から始まった。やがて、いわゆる常識をつぎつぎに改めていった。学術の権威は、幾百年、幾千年にわたる、苦しい戦いの成果である。こうしてきずきあげられた城が、一見して近づきがたいものにうつるのは、そのためである。しかし、学術の権威を、その形の上だけで判断してはならない。その生成のあとをかえりみれば、その根は常に人々の生活の中にあった。学術が大きな力たりうるのはそのためであって、生活をはなれた学術は、どこにもない。

開かれた社会といわれる現代にとって、これはまったく自明である。生活と学術との間に、もし距離があるとすれば、何をおいてもこれを埋めねばならない。もしこの距離が形の上の迷信からきているとすれば、その迷信をうち破らねばならぬ。

学術文庫は、内外の迷信を打破し、学術のために新しい天地をひらく意図をもって生まれた。文庫という小さい形と、学術という壮大な城とが、完全に両立するためには、なおいくらかの時を必要とするであろう。しかし、学術をポケットにした社会が、人間の生活にとってより豊かな社会であることは、たしかである。そうした社会の実現のために、文庫の世界に新しいジャンルを加えることができれば幸いである。

一九七六年六月　　　　野間省一

金谷　治著
老子　無知無欲のすすめ
無知無欲をすすめる中国古典の代表作『老子』。無為自然を尊ぶ老子は、人間が作りあげた文化や文明に懐疑を抱き、鋭く批判する。「文化とは何か」というその本質を探り、自然思想を説く老子を論じた意欲作。
1278

浅野裕一著
孫子
人間界の洞察の書『孫子』を最古史料で精読。春秋時代末期に書かれ、兵法の書、人間への鋭い洞察の書として名高い『孫子』を新発見の前漢末の竹簡文をもとに解読。組織の統率法や人間心理の綾など詳細に説く。
1283

鷲田清一著
現象学の視線　分散する理性
生とは、経験とは、現象学的思考とは何か。〈経験〉を運動として捉えたフッサール、変換として捉えたメルロ＝ポンティ。現代思想の出発点となった現象学の核心を読み解き、新たなる可能性をも展望した好著。
1302

廣川洋一著
ソクラテス以前の哲学者
ヘシオドス、タレス、ヘラクレイトス……。ソクラテス以前の哲学は、さまざまな哲学者の個性的な思想に彩られていた。今日に伝わる「断片」の真正の言葉のうちに、多彩な哲学思想の真実の姿を明らかにする。
1306

上山安敏《うえやまやすとし》著
魔女とキリスト教　ヨーロッパ学再考
魔女の歴史を通じてさぐる西洋精神史の底流。魔女像の変遷、異端審問、魔女狩りと魔女裁判、ルネサンス魔術、ナチスの魔女観……。キリスト教との関わりを軸に、興味深い魔女の歴史を通観した画期的な魔女論。
1311

プラトン著／三嶋輝夫・田中享英訳
ソクラテスの弁明・クリトン
プラトンの初期秀作二篇、待望の新訳登場。死を恐れず正義を貫いたソクラテスの法廷、獄中での最後の言説。近年の研究動向にもふれた充実した解説を付し、参考にクセノフォン『ソクラテスの弁明』訳を併載。
1316

学問のすゝめ
福沢諭吉著／伊藤正雄校注

「天は人の上に人を造らず人の下に人を造らず」近代日本を代表する思想家が本書を通してめざした精神革命。自由平等・独立自尊の思想、実学の奨励を平易な文章で説く不朽の名著に丁寧な語釈・解説を付す。

1759

善の研究　全注釈
西田幾多郎著／小坂国継全注釈

日本最初の本格的な哲学書『善の研究』。西洋思想と厳しく対決し、独自の哲学体系を構築した西田幾多郎。人間の意識を深く掘り下げ、心の最深部にある真実の心は何かを追究した代表作を嚙み砕き読み解く。

1781

森のバロック
中沢新一著

生物学・民俗学から宗教学まであらゆる不思議に挑んだ南方熊楠。森の中に、粘菌の生態の奥に、直感される「流れるもの」とは？　南方マンダラとは？　後継者を持たない思想が孕む怪物的子供の正体を探る。

1791

法哲学入門
長尾龍一著

知の愛である哲学が非常識の世界に属するのに対し、法学は常識の世界に属する。両者の出合うところに立ち上がる人間存在の根源的問題。正義の根拠、人間性と秩序、法と実力など、法哲学の論点を易しく解説。

1801

日本精神分析
柄谷行人著

資本、国家、ネーションの三位一体が支える近代国家。芥川、菊池、谷崎の短編を手がかりに、近代日本のナショナリズムと天皇制、民主主義、貨幣を根源的に問い、近代国家を乗り越える道筋を示す画期的論考。

1822

孝経
加地伸行全訳注

大文字版

この小篇は単に親孝行を説く道徳書ではない。中国人の死生観・世界観が凝縮されている。『女孝経』「法然上人母へのことば」など中国と日本の資料も併せ、精神的紐帯としての家族を重視する人間観を分析する。

1824

哲学・思想・心理

計見一雄著
統合失調症あるいは精神分裂病　精神医学の虚実

昏迷・妄想・幻聴・視覚変容などの症状は何に由来するのか？「人格の崩壊」「知情意の分裂」などの謬見はしだいに正されつつある。脳研究の成果も参照し、病の本態と人間の奥底に蠢く「原基的なもの」を探る。

2414

池田知久著
『老子』　その思想を読み尽くす

老子の提唱する「無為」「無知」「無学」は、儒家思想のたんなるアンチテーゼでもニヒリズムでもない。最終目標の「道」とは何か？　哲学・倫理思想・政治思想・自然思想・養生思想の五つの観点から徹底解読。

2416

ジョン・E・マクタガート著／永井　均訳・注解と論評
時間の非実在性

はたして「現在」とは、「私」とは何か。A系列（過去・現在・未来）とB系列（より前とより後）というマクタガートが提起した問題を、永井均が縦横に掘り下げてゆく。時間の哲学の記念碑的古典、ついに邦訳。

2418

竹田青嗣著
ハイデガー入門

『ある』とは何か」という前代未聞の問いを掲げた未完の大著『存在と時間』を豊富な具体例をまじえながら分かりやすく読解。「二十世紀最大の哲学者」の思想に接近するための最良の入門書がついに文庫化！

2424

中島義道著（解説・入不二《いりふじ》基義《もとよし》）
哲学塾の風景　哲学書を読み解く

カントにニーチェ、キルケゴール、そしてサルトル。哲学書は我流で読んでも、実は何もわからない。必要なのは正確な読解。読みながら考え、考えつつ読む、手加減なき師匠の厳しくも愛に満ちた指導を完全再現。

2425

山川偉也著
ゼノン　4つの逆理　アキレスはなぜ亀に追いつけないか

「飛矢は動かない」「アキレスは亀に追いつけない」。紀元前五世紀の哲学者ゼノンが提示した難解パラドクスはその後の人類を大いに悩ませた。その真の意図とそれが思想史に及ぼした深い影響を読み解く。

2436

水田　洋著
アダム・スミス　自由主義とは何か

自由主義経済の父A・スミスの思想と生涯。英国の資本主義勃興期に「見えざる手」による導きを唱え、経済学の始祖となったA・スミス。その人生と主著『国富論』や『道徳感情論』誕生の背景と思想に迫る。

1280

E・F・シューマッハー著／酒井　懋《つとむ》訳
スモール イズ ビューティフル再論

人間中心の経済学を唱えた著者独特の随筆集。ベストセラー『スモール イズ ビューティフル』以後に雑誌に発表された論文をまとめたもの。人類にとって本当の幸福とは何かを考察し、物質主義を徹底批判する。

1425

ヴェルナー・ゾンバルト著／金森誠也訳
恋愛と贅沢と資本主義

資本主義はいかなる要因で成立・発展したか。著者はかつてM・ウェーバーと並び称された経済史家。「贅沢こそが資本主義の生みの親の一人であり、人々を贅沢へと向かわせたのは女性」と断じたユニークな論考。

1440

佐々木　毅著
プラトンの呪縛

理想国家の提唱者か、全体主義の擁護者か。西欧思想の定立者・プラトンをめぐる論戦を通して、二十世紀の哲学と政治思想の潮流を検証し、現代社会に警鐘を鳴らす注目作。和辻哲郎文化賞、読売論壇賞受賞。

1465

バーナード・クリック著／添谷育志・金田耕一訳（解説・藤原帰一）
現代政治学入門

「政治不在」の時代に追究する、政治の根源。政治は何をなしうるか。我々は政治に何をなしうるか。そして政治とは何か。現代社会の基本教養・政治学の最良の入門書として英国で定評を得る一冊、待望の文庫化。

1604

ニッコロ・マキアヴェッリ著／佐々木　毅全訳注
君主論
大文字版

近代政治学の名著を平易に全訳した大文字版。乱世のルネサンス期、フィレンツェの外交官として活躍したマキアヴェッリ。その代表作『君主論』を第一人者が全訳し、権力の獲得と維持、喪失の原因を探る。

1689

《講談社学術文庫　既刊より》

政治・経済・社会

ハンナ・アレント
川崎　修著

二十世紀思想の十字路と呼ばれたアレントは、全体主義を近代精神の所産として位置づけることで現代の苦境を可視化し、政治の再定義を通じて公共性を可能にする条件を構想した。その思想の全体像を描き出す。

2236

お金の改革論
ジョン・メイナード・ケインズ著／山形浩生訳

インフレは貯蓄のマイナスをもたらし、デフレは労働と事業の貧窮を意味する――。経済学の巨人は第一次世界大戦がもたらした「邪悪な現実」といかに格闘したか。『一般理論』と並ぶ代表作を明快な新訳で読む。

2245

歴代日本銀行総裁論　日本金融政策史の研究
吉野俊彦著（補論・鈴木淑夫）

明治十五（一八八二）年、近代的幣制を確立すべく誕生した日本銀行。明治から平成まで「通貨価値の安定」のため、時々の総裁はいかに困難に立ち向かったか。三十一代二十九人の行動を通してみる日本経済の鏡像。

2272

最暗黒の東京
松原岩五郎著（解説・坪内祐三）

明治中期の東京の貧民窟に潜入した迫真のルポ。残飯屋とは何を商っていたのか？　人力車夫の喧嘩はどんなことで始まるのか？　躍動感あふれる文体で帝都の貧困と格差を活写した社会派ノンフィクションの原点。

2281

ユダヤ人と経済生活
ヴェルナー・ゾンバルト著／金森誠也訳

資本主義を発展させたのはユダヤ教の倫理であって、プロテスタンティズムはむしろ阻害要因でしかない！ヴェーバーのテーゼに真っ向から対立した経済学者の代表作。ユダヤ人はなぜ成功し、迫害されるのか……。

2303

増補新訂版　有閑階級の理論
ソースティン・ヴェブレン著／高　哲男訳

産業消費社会における「格差」の構造を、有史以来存在する「有閑階級」をキーワードに抉り出す社会経済学の不朽の名著！　人間精神と社会構造に対するヴェブレンの深い洞察力は、ピケティのデータ力を超える。

2308

日本人論・日本文化論

岡倉天心著／夏野　広訳（解説・色川大吉）
英文収録　**日本の覚醒**

日露戦争中の一九〇四年に本名Okakura-Kakuzo著として英語で著され、NYで出版された日本論。西欧近代文明を疑い、近代を超える原理の提示を試みる。天心の偉才を伝える香り高い翻訳と英文本文を併せて収録。

2253

石川九楊著
日本語とはどういう言語か

漢字、ひらがな、カタカナの三種の文字からなる日本語。書字中心の東アジア漢字文明圏においても構造的に最も文字依存度が高い日本語の特質を、言（はなしことば）と文（かきことば）の総合としてとらえる。

2277

松岡心平著
中世芸能講義「勧進」「天皇」「連歌」「禅」

中世日本の思想と構造を読み解く名講義。「勧進」が芸能を包含していく過程、「天皇」制における祓穢思想と芸能の発生、「連歌」のダイナミズムと美学、「禅」が孕むバサラ的思想。日本文化の本質に迫る！

2294

酒井直樹著
死産される日本語・日本人「日本」の歴史─地政的配置

「日本語」や「日本人」は、近代に生まれたときには、古代に仮設した共同体と共にすでに死んでいた……。斬新かつ挑発的な問題提起で、刊行当初から幾多の議論を巻き起こした話題の書に新稿を加えた決定版。

2297

柳　宗悦著
手仕事の日本

とくと考えたことがあるだろうか、今も日本が素晴しい手仕事の国であるということを。民衆の素朴な美を求めて全国各地の日用品を調査・収集した柳の目が選び取った美しさとは。自然と歴史、伝統の再発見。

2301

筒井紘一訳
利休聞き書き「南方録　覚書」全訳注

千利休が確立、大成した茶法を伝える『南方録』は、高弟の南坊宗啓が師からの聞き書きをまとめたものとされる。「覚書」はその巻一であり、茶法の根本を述べる。茶禅一味の「わびの思想」を伝える基本の書。

2375